诵读中华经典　感知国学魅力

蒙求

〔唐〕李　瀚　著
曹　鑫　译注

浙江古籍出版社
Zhejiang Ancient Books Publishing House

前　言

　　我国历来重视儿童的启蒙教育，其专门针对儿童的启蒙读物——蒙书，在我国传统文化教育中占有极为重要的地位。蒙书的特点是以历史文化故事为取材，以整齐押韵的语言为表现形式，在便于孩童诵读的同时，又使其能快速识字和记忆知识。蒙书中以《三字经》《百家姓》《千字文》最为人熟知，而宋元人程端礼将《蒙求》一书与《千字文》相提并论，足见此书的重要性。

　　《蒙求》一书的作者是唐代的李瀚，他曾做到翰林学士的官职，学问渊博。他所作的《蒙求》被后人称为"李氏蒙求"，以致于后人纷纷效仿，有《十七史蒙求》《南北史蒙求》《三国蒙求》《唐蒙求》《宋蒙求》等等，影响深远。

　　全书采用四字韵文，每四字为一短句，上下两句为一对偶，各讲一个掌故，朗朗上口，易于记诵。其内容为人物故事，多为历史、文学和神话，基本涵盖了我国知名的传统历史文化知识，故而直到现在，仍然是儿童启蒙传统文化的必备读物。

王戎简要[1]，裴楷清通[2]。
孔明卧龙[3]，吕望非熊[4]。

【注释】 ①王戎，字濬冲，西晋时期著名文士，以清谈著名于世，擅长评鉴人物，和嵇康、阮籍、山涛、向秀、刘伶、阮咸等人并称为"竹林七贤"。 ②裴楷，字叔则，魏晋时期著名文士，风度翩翩，气质高雅，被时人美称为"玉人"。西晋时期，裴、王两个家族都很兴旺，出了不少颇具才华的人物，王戎和裴楷就是其中的佼佼者。两人少年齐名，后分别被举荐入朝为官。后来恰逢当时吏部郎官职位空缺，晋文帝司马昭就问何人可以任用？钟会回答说："裴楷精明通达，王戎做事简要，都是合适人选。"于是二人先后得到提拔任用。 ③孔明，即诸葛亮，字孔明，号卧龙居士，三国时期杰出的政治家、军事家、文学家。代表作主要有《出师表》《诫子书》等，一生"鞠躬尽瘁、死而后已"，是中国传统文化中忠臣与智者的代表人物。东汉末年，群雄并起，刘备屯兵新野，谋士徐庶向他推荐了隐居隆中的诸葛亮，称他才华横溢，智慧过人，是潜伏的"卧龙"。于是，刘备三顾茅庐请出诸葛亮，成就了三分天下的事业。 ④吕望，即姜子牙，姜姓，名尚，字子牙，号飞熊，又名望，故称吕望。商周时期杰出的政治家、军事家，周朝开国元勋，历代帝王和文史典籍尊为"兵家鼻祖""武圣""百家宗师"。周文王将要打猎，占卜师说，这次打猎会有大收获，但这收获既不是龙，也不是熊，而是得到贤人的辅弼。后来文王果然在渭水河畔遇到贤人吕望，成就了灭商立周的大业。

杨震关西①,丁宽易东②。
谢安高洁③,王导公忠④。

【注释】①杨震,字伯起,东汉时期著名官员。杨震为人正直清廉,不屈权贵,留下了"暮夜却金"的典故和"天知地知神知我知子知,何谓无知"的名句。他年少时拜太常桓郁为师,刻苦好学,穷究经典,博览群书,经常聚众讲授经义奥妙,每次都有数千名学生倾听。由于杨震居住在陕西华阴的关西地区,因此人们赞美他为"关西孔子杨伯起"。 ②丁宽,字子襄,西汉著名武将、文学家、易学大师。七国之乱时,丁宽在睢阳抵御过吴楚联军。丁宽起初是西汉易学大师田何的学生,学习期满后,他准备返回故乡睢阳。临行前,田何感慨地对其他门生说:"《易经》里面所蕴含的精妙义理,日后都将被丁宽传播到关东去了。" ③谢安,字安石,东晋时期政治家、名士。谢安年少时长期隐居会稽东山,品行高洁。他性情闲雅温和,处事公允明断,不专权谋私、居功自傲,有宰相气度,后来谢氏家族在朝中做官之人尽数逝去,他才东山再起,担任辅政官员。在淝水之战中,作为东晋总指挥打败了前秦,取得了一场以少胜多的辉煌胜利。 ④王导,字茂弘,东晋时期政治家、书法家,是东晋政权的奠基人之一。他先后辅助晋元帝、明帝、成帝三朝,处理政事公正忠直,既无私又善于权衡,是东晋中兴的名臣。但王导也有"我不杀伯仁,伯仁却因我而死"的过失。

匡衡凿壁①，孙敬闭户②。
郅都苍鹰③，宁成乳虎④。

【注释】 ①匡衡，字稚圭，西汉时期经学家，官至丞相。匡衡小时候家境贫寒，买不起蜡烛，就在墙壁上凿洞借邻居家的灯火来照明看书，这就是凿壁偷光典故的由来。通过勤奋学习，他通古博今，笃明经学，成为汉代著名经学家和政治家，受人敬重，后来又担任丞相，刚直不阿，尽忠职守，被《汉书》列为一代名相。 ②孙敬，字文宝，东汉时期政治家，纵横家。孙敬年少好学，博闻强记，晚上常常一个人关起门来通宵达旦地看书学习，邻里们称他为"闭户先生"。有时候，学习时间久了，不免会打起瞌睡，醒来后，孙敬便会懊悔不已，于是就用绳子系着头发悬挂到屋梁上，防止看书时瞌睡。成语"悬梁刺股"中"悬梁"的主角就是孙敬。 ③郅都，西汉时期酷吏，以严刑峻法镇压不法豪强，维护统治秩序著称。汉景帝时期，他担任朝廷中尉一职，首先施行严酷刑法，不畏皇亲和权贵，连皇族和列侯见到他，都要侧目而视，称呼他为"苍鹰"。 ④宁成，西汉时期酷吏，以执法严酷而著称。汉武帝想起用因获罪而赋闲在家的宁成，御史大夫公孙弘劝谏说："我昔日在山东做小吏，宁成是济南都尉，治民就像用狼放羊一样，不能让宁成来治民。"于是让宁成做关都尉，一年多后，关东地区的人都说："宁可看到给幼崽哺乳的母虎，也不要遇到宁成发怒。"

周嵩狼抗①，梁冀跋扈②。

郗超髯参③，王珣短簿④。

【注释】①周嵩，字仲智，东晋时期士族子弟，以为人正直侠义而著称。东晋初年，周嵩兄弟三人地位显贵，他们的母亲为之举杯庆贺。周嵩跪下向母亲啜泣道："母亲啊，大哥志大才疏，名不副实，又好乘人之危，难以保身。而我呢，性格耿直，难以容于世。只有弟弟庸庸碌碌，可以保命，给您养老。" ②梁冀，字伯卓，东汉时期权臣，专擅朝政，结党营私，凶残暴虐，肆意妄为，汉质帝刘缵虽然年幼却很聪慧，知道梁冀骄横，当着众官员说他是"跋扈将军"，梁冀于是就残忍的将年仅八岁的质帝毒死了，另立汉桓帝，后被桓帝诛杀。 ③郗超，字景兴，东晋时期官员、书法家、佛学家，尤其擅长草书，和王羲之、王献之父子齐名。 ④王珣，字元琳，东晋时期官员、书法家，代表作《伯远帖》是东晋王氏家族存世的唯一真迹，是书法史上极为珍贵的法书真迹，被历代书法家、收藏家、鉴赏家视为稀世瑰宝。郗超、王珣做官时都被当时的权臣桓温赏识，担任幕僚，郗超满脸络腮胡子，官职为记室参军，王珣比较矮小，官职为主簿，桓温很看重两人，其治下的荆州百姓说他们能让桓温喜悦，也能让桓温发怒。

伏波标柱①,博望寻河②。
李陵初诗③,田横感歌④。

【注释】①伏波,即伏波将军马援,字文渊,东汉开国功臣。伏波带兵平定了交趾郡的叛乱,并在当地立起两根铜柱,以作为汉王朝最南边的疆界标志。他为国尽忠,殒命疆场,实现了"男儿要当死于边野,以马革裹尸还葬耳"的誓言,即成语"马革裹尸"的由来。 ②博望,博望侯张骞,字子文,西汉杰出外交家。张骞奉皇帝之命,打通了汉朝通往西域的道路,开辟了举世闻名的丝绸之路,促进了东西方文明文化的交流融合。他曾多次出使西域,到达的地方早已超越了黄河的发源地,世人以"寻河"来形容张骞行程之远。 ③李陵,字少卿,西汉时期名将、文学家,飞将军李广之孙。李陵攻打匈奴,兵败被俘。汉昭帝时汉朝和匈奴和亲,双方关系有了很大改善,曾被匈奴扣押的苏武,最终得以回归汉朝,苏武和李陵是好朋友,临别时,李陵赠诗为苏武送行,以抒发自己不忘故国的心志。在五言诗发展史上被视为是五言诗成熟的标志之一。 ④田横,秦末齐国贵族,陈胜、吴广起义后,田横联合兄长田儋、田荣率众反秦,占据齐地自立为王。刘邦统一天下后,田横因不肯归顺刘邦而自杀,他的门客感念田横的悲壮,就创作歌曲表达哀悼之情。后西汉音乐家李延年将哀悼田横的歌曲整理成《薤露》和《蒿里》两首曲子,作为送葬之歌使用。

武仲不休①，士衡患多②。
桓谭非谶③，王商止讹④。

【注释】①武仲，傅毅，字武仲，东汉时期辞赋家，文笔清丽流畅，以《舞赋》扬名一时。傅毅和班固两人文才相当，不分高下，然而班固却看不起傅毅，他在写给弟弟班超的信中说："傅武仲因为能写文章而得到官职，但是下笔却洋洋洒洒，停不下来。" ②士衡，即陆机字士衡，西晋时期文学家、书法家，和弟弟陆云合称"二陆"，与潘岳等人开创了"太康诗风"，成语"潘江陆海"即赞誉其在诗文方面的才华。陆机行文气势宏大，辞藻优美，张华常夸赞说："其他人写文章时，总是担心自己的文思不够，你却担心自己的才华过多。" ③桓谭，字君山，东汉时期哲学家、经学家、天文学家、琴师。汉光武帝刘秀想要修建灵台。为了求吉利，他广泛征集谶讳之语来占卜，桓谭对此极为厌恶，上书劝谏反对迷信。刘秀大怒，一度想要处死他，后将其贬官。 ④王商，字子威，西汉时期官员。汉成帝时京城长安传言将发生水灾，百姓惊恐，城中大乱。大将军王凤建议赶紧逃命，官员们也纷纷附和。唯独王商坚决反对迷信谣言，认为这是以讹传讹，过了一段时间，洪水未至，谣言不攻自破。

嵇吕命驾①，程孔倾盖②。
剧孟一敌③，周处三害④。

【注释】①嵇吕，指嵇康和吕安。嵇康，字叔夜，三国时期文学家、音乐家，"竹林七贤"之一。吕安，字仲悌，三国时期名士。两人交情深厚且不拘礼法，吕安只要想念嵇康，便会不远千里，驾车去造访嵇康。　②程孔，指程本子和孔子。程本子，春秋时期齐国人，学识渊博，名闻诸侯。孔子，名丘，字仲尼，古代著名思想家、文学家，儒家学派创始人，后世尊称为"孔圣人"。孔子前往郯国时，在路上与程本相遇。两人将车盖倾向一侧进行交谈，不觉天色已晚。离别时，孔子将几匹绢帛赠送给程本作为礼物，并感叹道："程子，天下的贤士啊！"
③剧孟，西汉时期著名游侠，誉满诸侯。吴楚七国之乱时，大将周亚夫找到剧孟，高兴地说："这几个诸侯国造反，没有求助剧孟，他们一定会失败。"周亚夫认为剧孟的能力可顶一个侯国。　④周处，字子隐，西晋时期官员、将领。少年时四处作恶，为祸乡里，人们将他和山中猛虎、水中蛟龙一起称为"三害"，周处得知后自责不已，浪子回头，亲手除掉了猛虎和蛟龙，又求学于名士陆机、陆云，发奋读书终成一代名将。

胡广补阙①，袁安倚赖②。
黄霸政殊③，梁习治最④。

【注释】①胡广，字伯始，东汉时期重臣、学者，做官三十多年，辅佐过六位皇帝，他博学多闻，学究五经，清廉正直，一心匡扶社稷，在政务处理方面有着高超才能，常能够有效弥补其他官员的过错。②袁安，字邵公，东汉时期名臣，自幼刻苦好学，虽然家境贫寒但守正不移，有"袁安困雪"的佳话。当时外戚专权，皇帝年幼，每次朝会和公卿官员谈论国家大事都会痛心流泪。袁安不畏权贵，多次上书弹劾，皇帝和百官都很信任倚赖袁安。③黄霸，字次公，西汉时期名臣，官至丞相。黄霸治理地方的政绩尤为突出，对于百姓之事，无论巨细，都派人详加调查并处理。任颍川太守时，哪个乡里有大树可以砍伐作为棺木，哪个驿馆饲养的猪可以用来祭祀都知道，下面官吏依照前去，一言不差。黄霸的细心达到如此程度，可谓明察秋毫，不知内情的人都称他是神明。④梁习，字子虞，三国时期曹魏官员、将领。梁习曾担任过并州刺史，在职期间敢于打击当地豪强，优先大力发展农业，并州地区的混乱局面很快稳定，当时的百姓认为梁习能力出众，地方政绩是全国州郡中最好的。

墨子悲丝①，杨朱泣岐②。
朱博乌集③，萧芝雉随④。

【注释】 ①墨子，名翟，春秋时期思想家、教育家、科学家、军事家，墨家学派创始人，其学说倡导兼爱、非攻。墨子见到丝被染成各种颜色，引发了他的思考：不但丝很容易被染成各种颜色，一国之君也会受到各方面的影响，而对人来说，交友不慎则是人生最大的不幸。　②杨朱，字子居，战国时期思想家、哲学家，是道家杨朱学派创始人，提倡贵己、重生。杨朱每次看到十字路口时，就痛哭流涕，他认为每个人从十字路口出发，虽然出发点一样，但因选择的方向不同，日后的人生发展也就大不相同，很容易误入歧途。　③朱博，字子元，西汉时期官员，官至丞相。朱博节俭清廉，不畏权贵，宾客满门。当时御史大夫府中的一片柏树林有几千只乌鸦在此聚集栖息，朝去夕归，人称"朝夕乌"，后来御史大夫官职废除，造成职责分工不清，不利于治国，任大司空的朱博进谏，要求废除大司空，恢复御史大夫，并自愿降职出任御史大夫作为群臣表率，得到了汉哀帝的嘉许。④萧芝，字世英，西晋时期官员。幼年逢战乱，父亲早亡，和母亲相依为命，他在艰苦的生活环境中发奋读书孝敬母亲，后来受到举荐被任命为尚书郎，经常有几十只雉在他身边，上朝时雉群送他到路口，回家时雉群就围在他的车驾旁欢叫，旁人都认为这是萧芝的品性感动了天地。

杜后生齿①，灵王出髭②。
贾谊忌鹏③，庄周畏牺④。

【注释】①杜后，即杜陵阳，晋成帝司马衍皇后，美貌出众，知书达礼，然而到她成年为止一直没有长出牙齿，有来求婚的人就因这个原因放弃求婚。晋成帝备礼娶她的那一天，杜陵阳的牙齿居然一夜之间全都长了出来。这个故事后来便譬喻得遇明主的士子可以发挥自己的才干。　②灵王，即姬泄心，春秋时期东周第十一代君主周灵王，周定王六年时，秦人传言周朝将出现一位生下来就有胡子的天子，就能治理国政，天下太平。后来周灵王果然生下就有胡子，并且与诸侯交好，做到了善始善终，印证了秦人的传言。后人便以周灵王应运而生来譬喻只有有德之人才应登王者之位。　③贾谊，西汉时期政治家、思想家和文学家。年少因才名征为博士，后因朝臣诽谤，被迁为长沙王太傅，过了三年，有只鹏鸟飞进他的屋舍，鹏鸟在当时看来代表着不祥，正郁郁不得志的贾谊十分感伤，自觉寿命不得长久，便写下了《鹏鸟赋》，来抒发自己的怀才不遇。　④庄周，即庄子，战国时期思想家、哲学家、文学家，道家学派代表人物，庄学的创立者，与老子并称"老庄"。有人想聘请庄子，庄子向他的使者说："你见过那准备用作祭祀的牛牲吗？用织有花纹的锦绣披着，给它吃草料和豆子，等到牵着进入太庙杀掉用于祭祀，这时候即使想做个没人管的小牛，也是不可能了。"庄子用杀牛祭祀为例拒绝他人的推举。

燕昭筑台①，郑庄置驿②。
瓘靖二妙③，岳湛连璧④。

【注释】①燕昭，即燕昭王，战国时期燕国君主，爱才敬贤，名闻天下，他为了延揽天下贤才，曾在都城中为郭隗筑台作为住所，将他尊为老师。消息传遍列国，乐毅、邹衍、剧辛等一大批贤才名士都来到燕国辅佐昭王，其他有才能的人更是争着到来，终于得以让燕国强大。　②郑庄，即郑当时，字庄，西汉时期官员。年少时交游广泛，仗义行侠，后来他担任太子舍人，每逢五天一次的休假日，就在长安四郊置备马匹，骑着马去看望各位老友，邀请拜谢宾客朋友，常常夜以继日通宵达旦，还总是担心有所疏漏。　③瓘靖，指卫瓘和索靖，卫瓘，字伯玉，三国曹魏后期至西晋初年重臣、书法家。索靖，字幼安，西晋时期将领、著名书法家。两人都擅长草书，又都在尚书台任职，卫瓘为尚书令，索靖为尚书郎，时人称之为"一台二妙"，他二人的书法与张芝有很深的师承关系，后人评价道："瓘得伯英（张芝字伯英）筋，靖得伯英肉"。　④岳湛，指潘岳和夏侯湛。潘岳，字安仁，西晋时期文学家、政治家，容貌俊美，以文才著称，是西晋文学团体二十四友之首，被誉为"古代第一美男"。夏侯湛，字孝若，西晋文学家，相貌出众，文采斐然。两人友谊深厚，出门常同乘一车，在室内则同坐一席，人们称二人为"连璧"，意为"连在一起的美玉"。

郤诜一枝[1]，戴冯重席[2]。
邹阳长裾[3]，王符逢掖[4]。

【注释】 [1]郤诜，字广基，西晋时期贤臣，博学多才，为政有方，后任雍州刺史，晋武帝在东堂送行，席间问郤诜自觉才华如何，郤诜回答说自己举荐贤良应对策问的本领是天下第一，犹如桂花林中的一枝花，昆山中的一块玉。武帝大笑，侍中奏请罢免郤诜的官职，武帝说："我和他开玩笑罢了。" [2]戴冯，又作戴凭，字次仲，东汉时期官员，经学家。学《京氏易》，十六岁时征为博士，一年元旦朝会，汉光武帝让群臣辩论经文，互相驳难，不通义理的就将坐席交给将其驳倒的人，戴冯的坐席竟然累加到五十层，京城中人人夸赞他的学识渊博，被誉为"解经不穷戴侍中"。 [3]邹阳，西汉时期文学家，以文辩著称。汉景帝时吴王刘濞阴谋叛乱，当时为吴王门客的名士邹阳上书劝谏，文中写到，我只要竭尽智慧，那么没有哪个诸侯国不能去供职，只要将粗鄙心思掩饰起来，则哪个王侯门庭不可以去挥舞长袖呢？邹阳以此来劝说刘濞注重道义，放弃叛乱。 [4]王符，字节信，东汉时期政论家、文学家。著有《潜夫论》。度辽将军皇甫规卸任回乡，同乡有个曾经贿买雁门太守职位的人投名帖来访，皇甫规对他很不屑。等到王符前来拜访，皇甫规赶忙出迎，连衣服鞋子都来不及穿戴好，拉着王符的手交谈。当时人们说起这件事时，都说："徒见二千石，不如一缝掖。"即二千石的高官，不如一个服饰普通的读书人。

鸣鹤日下①，士龙云间②。

晋宣狼顾③，汉祖龙颜④。

【注释】 ①鸣鹤，即荀隐，西晋时期官员，有才名。 ②士龙，即陆云，三国东吴后期至西晋初年文学家、官员，与其兄陆机合称"二陆"。两人在名士张华家初次见面，张华说："你们二位都是有大才的人，就不要作那些寻常的寒暄了。"于是陆云对荀隐拱手道："云间陆从龙。"取《易经·乾卦》中"风从虎，云从龙"之语。荀隐回答道："日下荀鸣鹤。""日下"为帝王所居之地的别称，后指京城，"日下鹤"对"云间龙"，恰如其分。随后两人你来我往，对答精彩绝伦，张华对他们十分赞赏，拍着手大笑起来。 ③晋宣，晋宣帝司马懿，字仲达，三国时期杰出的政治家、军事家，西晋王朝奠基人。魏武帝曹操深知他是人中俊杰，素有野心，听说司马懿有"狼顾"之相，有此相者往往有反叛之心，曹操便让他走在前面，又忽然叫他回头，司马懿扭头时，果然身体仍旧向着前方，曹操因而告诫儿子曹丕说，司马懿不是人臣之相，要小心提防。 ④汉祖，汉高祖刘邦，字季，西汉时期杰出的政治家、战略家和军事家，汉朝开国皇帝，汉民族和汉文化的伟大开拓者之一，对汉族的发展以及中国的统一有突出贡献。相传刘邦鼻梁挺拔，额头浑圆，有龙颜（即帝王）之相。

鲍靓记井①，羊祜识环②。
仲容青云③，叔夜玉山④。

【注释】①鲍靓，字太玄，东晋时期官员，是东晋著名炼丹家、医药学家葛洪的岳父和老师。鲍靓五岁时，对父母说："我本是曲阳李家的儿子，九岁时坠入井中死了。"他的父母寻访到李氏，询问后发现情况和鲍靓说的一致。 ②羊祜，字叔子，西晋时期军事家、政治家。羊祜五岁时，曾叫乳母取金环给自己玩，乳母说没有金环。羊祜随即领乳母到邻居李氏东墙下一棵桑树洞中找到了金环，李氏知道后大惊说："这是我死去的儿子丢失的，都说是被人偷去了。"乳母把寻找金环的过程述说一遍，李氏非常悲伤，当时人们对此都觉得奇怪，认为羊祜是李氏之子转世。 ③仲容，即阮咸，魏晋时期名士，文学家，"竹林七贤"之一。阮咸放任旷达不拘礼节，当时讲礼义法度的人都讥讽他的所为。阮咸、阮籍和其他阮姓的同族分住在路的南北两边，北边富裕而南边贫穷。七月七日这天，北边阮家晒的衣服都是锦锈绸缎，阮咸用竹竿在大堂挂出一只布裤衩，有人感到奇怪，他说："不能超脱世俗，只能这样了。"颜延之《五君咏五首·阮始平》提到"仲容青云器，实禀生民秀"，意为阮咸拥有青云一般的旷达胸怀和高远志趣。 ④叔夜，即嵇康，三国时期曹魏思想家、音乐家、文学家，"竹林七贤"之一。嵇康身高七尺八寸，容貌风度出众。见到他的人都赞叹说："他举止潇洒安详，气质豪迈清逸。"有人说："他像松树间沙沙作响的风声，高远而舒缓悠长。"山涛评价说："嵇叔夜的为人，像挺拔的孤松傲然独立；他的醉态，像高大的玉山将要倾倒。"

毛义捧檄①，子路负米②。

江革忠孝③，王览友悌④。

【注释】①毛义，字少卿，东汉时期人，以孝行著称。南阳人张奉敬慕他的名望，前去拜访，坐稳之后，正巧官府召书送到，召毛义担任守令，毛义捧着召书进来，喜形于色。张奉鄙视毛义行为，于是离去。等到毛义母亲去世，他辞官守孝，多次被官府征召，出任县令，举止行动必定遵守礼义，后来被推举为贤良，车驾已经来到，终未前往，张奉感叹说："贤良的人难以推测，以前他的喜形于色，只是为了父母而委屈自己啊。"②子路，即仲由，孔子弟子，"孔门十哲"之一、"二十四孝"之一，"孔门七十二贤"之一，受儒家祭祀。子路过去常常吃野菜，把省下的米背回给百里之外的双亲。双亲过世后，子路游行楚国，终于不再窘迫，但是每每叹息，即使不用吃野菜，然而为父母背米，却再也做不到了。③江革，字休映，南北朝时期梁朝官员。十六岁丧母，以孝行著称于世。当时江革镇守彭城失守，被北魏俘获，刺史元延明让他写文章祭祀彭祖，江革推托拘捕时间太长，没有心思，元延明反复逼迫，江革厉声说道："江革六十岁不能杀身报答国家，今天反而觉得死亡是件幸事，我发誓绝对不帮你写。"表明了他忠于故国，拒不投降的气节。④王览，字玄通，魏晋时期官员。王祥是王览同父异母的哥哥，王览年幼时，看见王祥被母亲朱氏用枝条抽打，就哭泣着抱住王祥。王祥后来渐渐有了声誉，朱氏嫉妒，想用毒酒毒死王祥，王览知道后，把酒杯拿起来，王祥怀疑酒有毒，争抢着不给他，朱氏赶快夺过酒倒掉。以后朱氏给王祥食物，王览总要先尝，朱氏害怕王览被毒死，只能罢休。

萧何定律①，叔孙制礼②。

葛丰刺举③，息躬历诋④。

【注释】①萧何，西汉时期政治家、宰相，西汉开国功臣之一。楚汉之争时，萧何镇守关中，制定了严密的法令和规章。等到汉惠帝时期，曹参担任丞相，却不理政事，惠帝埋怨他，曹参说："高帝（刘邦）与萧何平定了天下，法令已经明确，我们不如高祖和萧何，那么现在只要谨守各自职责，遵循原有法度而不随意更改就可以了。"惠帝认为曹参说的很对。 ②叔孙，即叔孙通，西汉时期儒生，辅佐刘邦制定汉朝礼仪。叔孙通认为五帝用的音乐各不相同，三王用的礼仪也不一致。礼是根据不同时代的人情世态所制定的一套规矩准绳。他熟悉夏朝、商朝、周朝礼仪的好坏，于是参照古代礼法，吸收秦朝的部分礼仪，制定出了一套适合当时汉朝使用的制度。 ③葛丰，即诸葛丰，字少季，西汉时期官员，是三国著名政治家、军事家诸葛亮的先祖。诸葛丰因通晓经义而担任郡文学，以刚直闻名。贡禹任御史大夫，任命诸葛丰为属官，推荐他担任侍御史。汉元帝提拔诸葛丰做司隶校尉，他检举揭发连权贵也不回避，时人称赞他说："间何阔，逢诸葛。"（意思是最近为诸葛丰所弹劾，所以很久不相见了） ④息躬，即息夫躬，字子微，西汉时期官员。息夫躬受汉哀帝欣赏，频繁进宫议论事情，无所顾忌。众臣怕他那张口舌，遇到他都侧目而视。息夫躬上疏逐个诋毁公卿官员，说："现在的丞相王嘉，身强体健，办事却缩手缩脚，当丞相不合适。御史大夫贾延，体弱懒惰不能任职。左将军公孙禄、司隶鲍宣都是空有忠直之名，实际愚笨无知。各官署以下都是庸劣之人，不能算数。"

管宁割席[①]，和峤专车[②]。

时苗留犊[③]，羊续悬鱼[④]。

【注释】 ①管宁，字幼安，三国时期名士。管宁有奇才大志，品格高洁，和华歆交好，有一次，管宁和华歆坐在同一块席子上读书，门外有官员的仪仗经过，管宁还是像原来一样读书，而华歆放下书去看热闹。于是管宁把席子割开，对华歆说："你不再是我的朋友。" ②和峤，字长舆，曹魏后期至西晋初年官员。晋武帝很器重他，将他提拔为中书令，过去中书监和中书令坐一辆车上朝，当时荀勖任中书监，和峤鄙视他的为人，每次一起入朝，和峤独坐一车。中书监、令不同车就是从和峤开始。 ③时苗，字德胄，东汉末年至曹魏时期官员。时苗担任寿春县令时，乘坐一辆母牛拉的车去上任，后来母牛生下一头牛犊。等到离任时，主簿劝他把小牛犊带走，而时苗认为来的时候没有小牛犊，所以这是淮南的财产，最后坚决留下了小牛犊。 ④羊续，字兴祖，东汉时期著名廉臣。当时权势富豪人家都崇尚奢侈，羊续对此深恶痛绝，他常常身穿破旧衣服。乘用简陋车马。府丞曾送他活鱼，羊续收下后却悬挂在庭院之中，府丞后来又向他送鱼，羊续便把先前悬挂的那些鱼拿给他看，以此告诫他以后不要再送了。

樊哙排闼[1]，辛毗引裾[2]。

孙楚漱石[3]，郝隆晒书[4]。

【注释】①樊哙，西汉开国功臣、军事家，出身寒微，早年曾以屠狗为业。英布造反时，刘邦曾患重病，躺在宫中讨厌见人，诏令侍卫不准官员进宫，群臣中周勃、灌婴都不敢入内。十几天后，樊哙推门闯入宫中，其他官员随之而入。樊哙流着泪向病床上的刘邦陈情，激励他发奋图强，刘邦笑着从床上起来了。②辛毗，字佐治，三国时期曹魏官员。魏文帝曹丕想把河北冀州的十万户人家迁移到河南，但当时连年蝗灾，百姓饥饿困顿，群臣认为不妥。曹丕坚持己见，不听辛毗劝谏，反而站起来要走，辛毗跟着走，又拉着曹丕衣袖。曹丕用力甩开辛毗的手，不再回头，恼怒地走进内宫。过了很久，曹丕才出来说："辛毗，你抓我的衣服为何如此急切呢？"辛毗说："如果大举移民，既失去民心，又没有粮食来供给他们。"曹丕于是决定只迁移五万人家。③孙楚，字子荆，西晋时期文学家、诗人。孙楚文才卓越，为人豪迈不拘小节，年少时想隐居，对好友王济说要"枕石漱流"（把石头当枕头，用流水来漱口，意为隐居生活），却不小心说成了"枕流漱石"，王济笑话他说流水怎么做枕头，石头怎么来漱口，孙楚为自己辩护："我要洗涤自己的耳朵，因此把溪流当枕头，我要磨砺自己的口齿，因此用砾石漱口。"④郝隆，字佐治，东晋时期名士，生性诙谐，有博学之名。有一年七月初七，郝隆仰卧在太阳底下，露出肚皮晒太阳，别人觉得奇怪，就问他在做什么？郝隆笑眯眯地回答说："我在晒我满肚子的书啊。"

枚皋诣阙①，充国自赞②。
王衍风鉴③，许劭月旦④。

【注释】①枚皋，西汉时期官员，文学家、辞赋家，是汉赋大家枚乘之子。在梁王府为郎官时，因与其他侍从争宠，遭谗言陷害获罪，家室被抄。枚皋流亡到长安，遇上大赦，便上书汉武帝，自称是枚乘的儿子。武帝大喜，召入宫中待诏，枚皋从此在宫中作赋。 ②充国，即赵充国，字翁孙，西汉名将。赵充国七十多岁时，西羌反叛，汉宣帝认为他年纪大了，就派御史大夫丙吉向他请教谁可以为将出征，他回答说："没有人能超过我的了。"汉宣帝问他："估计羌人怎么样？要用多少军队？"他回答说："百闻不如一见。战争难以估计，我希望尽快赶到金城，把地形图和作战方案上报。希望陛下把任务交给我，不要担心。"汉宣帝笑着答应了。 ③王衍，字夷甫，西晋时期重臣，清谈家，玄学清谈领袖。王衍外表清朗俊秀，仪态风姿优雅，喜好老庄学说，在当时名声很大，王衍因为善于鉴识人的品德才能而被人们赞许。 ④许劭，字子将，东汉时期著名人物评论家。许邵和堂兄许靖通晓鉴人之术，有识人之明，他们的家乡汝南当时人才辈出，许邵和许靖每月都对家乡的才子们进行一次品评，所以他们的家乡汝南有"月旦评"的说法。

贺循儒宗[①]，孙绰才冠[②]。
太叔辨洽[③]，挚仲辞翰[④]。

【注释】①贺循，字彦先，两晋时期名臣。贺循早年间便有名声，但多次拒接朝廷征辟，到年老时，朝廷中有疑难不觉的问题都向贺循询问，贺循都按照经礼来对答，是当世的儒学宗师。 ②孙绰，字兴公，东晋时期官员、文学家、书法家，是玄言诗派代表人物。孙绰学识广博，善写文章，孙绰曾将写好的《天台山赋》给好友范荣期品鉴，开玩笑说："你试着把它扔在地上，会有金石落地之声。"孙绰年经时以文章才华而被人称道，在当时的文人中，孙绰是第一人。朝中有名望的官员死时，必须要孙绰写碑文，然后刻在碑石上。 ③太叔，太叔广，字季思，西晋时期人物，很有口才，善于辩论。 ④挚仲，挚虞，字仲洽，西晋著名谱学家，博学多才，善写文章。两人同朝为官，当时在朝廷聚会的时候，每当太叔广和挚仲辩论，挚仲都无法取胜。但等到挚仲回到家中，以辩论的题目写成文章反驳太叔广，太叔广也无法反击。

山涛识量[①]，毛玠公方[②]。

袁盎却座[③]，卫瓘抚床[④]。

【注释】①山涛，字巨源，西晋时期名士，"竹林七贤"之一。山涛早年丧亲，家中贫困。少年即有器量，独立不群。喜好《庄子》《老子》，隐居乡里，掩盖自己的志向才能，他与嵇康、吕安为友，后又遇到阮籍，常在竹林中交游，志趣相投。嵇康后来获罪，临死前对儿子嵇绍说："有巨源（即山涛）在，你就不会孤独无靠了。" ②毛玠，字孝先，东汉末年官员。毛玠年轻时担任县吏，以清廉公正著称。曹操任司空丞相时，毛玠曾做过东曹掾，他所推荐任用的都是清廉正直人士，那些在当时有盛名而行为虚浮、不脚踏实地的人，始终没有得到任用。曹操感叹说："用人能做到这样，使天下人自己治理自己，我还有什么可做的呢！" ③袁盎，字丝，西汉时期官员，个性刚直，有才干，以胆识与见解为汉文帝所赏识。汉文帝宠爱慎夫人，常常让她和皇后同座。一次，文帝带着皇后和慎夫人到上林苑游玩，袁盎把慎夫人的座席向后拉退了一些。慎夫人很生气，文帝也发怒地站起身来，袁盎劝谏文帝要按照尊卑规则，并用正确方式来喜爱慎夫人。文帝和慎夫人最终听从了袁盎的意见。 ④卫瓘，字伯玉，三国曹魏后期至西晋初年重臣、书法家。晋武帝立惠帝为太子，朝臣认为惠帝愚笨，不能亲理政事。卫瓘屡次想上奏请求废黜太子，而没敢说出来。后来在陵云台聚会宴饮，卫瓘假装喝醉，跪在皇帝座位前说："我想上奏。"皇帝说："你要说什么？"卫瓘三次想说又止住，于是用手抚摸着座位说："这个座位可惜了！"皇帝心里明白，故意装着不懂说："你真醉了吗？"卫瓘从此不再提及废太子之事。

于公高门①，曹参趣装②。
庶女振风③，邹衍降霜④。

【注释】①于公，于定国的父亲，于定国，字曼倩，西汉时期官员，官至丞相。于公所处闾里的门坏了，邻居们共同修理它，于公对大家说："稍微把闾门修得高大一些，使它能容纳通过四匹马驾的高盖车。我管理诉讼刑狱积累了很多阴德，不曾冤枉过人，子孙后代一定有发迹兴旺的。"后来于定国官至丞相，封侯传世。②曹参，字敬伯，西汉开国功臣、军事家、政治家，汉朝第二位丞相，史称"曹相国"。曹参有自知之明，是著名贤臣。萧何去世，曹参听说后，告诉门人赶快整理行装，并称将到京城接任丞相。不久，朝廷使者果然来召曹参回京接任丞相。③相传春秋时，齐国有一个寡妇，因为没有生子坚决不再嫁，非常恭敬地侍奉婆婆，婆婆还有一个女儿，看中了母亲的财产，于是让母亲把寡妇出嫁，她更加不肯。后来女儿杀掉母亲来诬陷寡妇，寡妇蒙冤难以自证清白，呼叫上天，上天因此打雷，闪电击中了齐景公的陵墓，损毁了景公的遗体，海水也涨起来倒灌江河。江淹引用这件事，有"庶女告天,振风袭于齐台"的文字，后用作蒙受冤屈感动上天的典故。④邹衍，战国时期哲学家，阴阳家代表人物、五行学说创始人。战国时邹衍忠心地帮助燕惠王治理国家，惠王身边亲近的人对邹衍不满，向惠王说他的坏话，邹衍因此蒙冤入狱，仰天大哭。当时正值盛夏五月，天降大霜，同用作蒙受冤屈感动上天的典故。

范丹生尘①，晏婴脱粟②。
诘汾兴魏③，鳖灵王蜀④。

【注释】 ①范丹（或作冉），字史云，东汉时期名士。党锢之祸爆发后，范冉推着鹿车，载着妻子儿女，靠捡破烂维生。有时住在旅馆，有时住在树下，这样生活了十多年才盖了一个草房居住。草房单薄简陋，有时粮食吃完了，生活没有着落，范冉也神态自若，喜和忧不表露出来，邻里编歌谣说他"甑中生尘范史云"，意思是家中蒸米的炊具因为很长时间没有使用而生出灰尘。 ②晏婴，字仲，史称晏子，春秋时期齐国著名政治家、思想家、外交家，以有政治远见、外交才能和作风朴素闻名诸侯。他担任齐景公宰相时，生活简朴，吃的是只脱去谷皮的粗米，后用来作为描写生活朴素的典故。 ③诘汾，即拓跋诘汾，东汉时期鲜卑首领，北魏皇帝先祖，他在山中田猎时，见到一位自称是天女的女子，受天帝命令下凡和他结为夫妇。第二天，天女要返回天庭，并约定一周年后仍然在这里相会。一年后，拓跋诘汾来到约定地方，果然见到天女，她把所生男孩交给拓跋诘汾，对他说："这是君王的儿子，今后当世世为帝王。"说完就离去了。这孩子就是神元帝拓跋力微。 ④鳖灵，即开明，传说中的古蜀国国王。相传开明是鳖精修成，善于治水，望帝杜宇任用鳖灵为相，命其治水。他带领民众治理洪水，打通了巫山，使水流从蜀国流到长江，终于解除了水患。杜宇十分感谢，便自愿把王位禅让给鳖灵，鳖灵受了禅让，号称开明帝，又叫丛帝。

不疑诬金①，卞和泣玉②。

檀卿沐猴③，谢尚鸲鹆④。

【注释】①不疑，即直不疑，西汉时期官员，官至御史大夫。他担任郎官时，与他同住一室的人请假探家，误拿走他人金子，后来金子的主人发觉，就胡乱猜疑直不疑，直不疑向他道歉并承认了，还买金子偿还他。等到请假的人回来归还了金子，先前丢失金子的人极为惭愧，因此人们称直不疑是个忠厚的人。②卞和，又作和氏，春秋时期楚国人，是和氏璧的发现者。卞和在楚山中得到了一块未经雕琢的玉璞，接连献于楚厉王和楚武王，但他们都不识货，还砍去了卞和的双脚。楚文王即位后，卞和抱玉恸哭于楚山下，泪水哭尽，两眼流出了血水。后来文王终于领悟，雕琢那块璞石，得到了一块价值连城的美玉，于是命名这块美玉为"和氏璧"。③盖宽饶，字次公，西汉时期官员。平恩侯许伯乔迁新居，请盖宽饶喝酒，酒喝到高兴时奏起音乐，长信少府的檀长卿起来跳舞，装扮成猴子与狗相斗，座中宾客都大笑，盖宽饶不高兴，就起身快步离开，向汉宣帝弹劾长信少府作为列卿却与猴子嬉戏，没有礼数。宣帝要治罪，许伯替檀长卿谢罪，过了很久，宣帝的怒气才平息。④谢尚，字仁祖，东晋时期名士、将领。谢尚擅长音乐，刚继承爵位时去拜访王导，当时王导正在聚会，便对他说："听说你能跳《鸲鹆舞》，满座宾客渴望一睹风采，不知你能否满足大家意愿呢？"谢尚说："好。"便穿好衣服戴上头巾翩翩起舞。王导让宾客拍掌打节奏，谢尚在众人面前俯仰摇动，旁若无人。

泰初日月[①], 季野阳秋[②]。

荀陈德星[③], 李郭仙舟[④]。

【注释】 ①泰初,夏侯玄,字泰初,三国时期曹魏官员、玄学家、文学家。夏侯玄年轻时很有名望,仪表出众,当时的人评论夏侯玄好像怀里揣着日月一样光彩照人。 ②季野,褚裒,字季野,东晋时期名士、外戚。褚裒气度不凡,名士桓彝见他后夸他有皮里春秋,意思是口头上不说什么,心里是非分明很有主见。褚裒为官清廉,生活也很简朴,从不假公济私、仗势欺人。 ③荀陈,指荀淑和陈寔。荀淑,字季和,东汉时期官员,以品行高洁著称,他有八个儿子,号八龙。陈寔,字仲躬,东汉时期官员、名士。他有六个儿子,其中陈元方、陈季方最为出名,父子三人被称为"三君"。陈寔和儿子一起拜访荀淑一家,当时天上德星都聚拢在一起,负责观察天象的官员看到后向朝廷禀报,说方圆五百里内一定有贤人聚会。后世用"德星聚"作为典故指代贤人、高士的聚会。 ④李郭,指李膺和郭太。郭太,字林宗,出身贫贱;博学有才,擅长论议,为士人所仰慕。与李膺等友善,是名士"八顾"之一。李膺,字元礼,东汉时期官员、名士。郭太与李膺是好朋友,郭太回故乡时,士大夫们送到河边,其有几千辆车子,郭太只与李膺同船过河,送行的众宾客望见他俩,以为是神仙并列。

王忳绣被[1]，张氏铜钩[2]。
丁公遽戮[3]，雍齿先侯[4]。

【注释】①王忳，字少林，东汉时期官员。王忳去洛阳时曾经帮助一位病重的书生在他死后收敛他，书生还送给他十金，王忳卖掉一金，筹办殡葬，其他的金都放在棺材下面。后来他回到家乡做官，刚到第一天，就有匹马跑到亭中，大风还吹来一床绣花被子。这匹马带着王忳进了他人住宅，主人以为他是贼，王忳详细叙述了经过，主人很好奇，王忳就把自己埋葬书生的事说了出来，主人大哭说这是他儿子，没想到是王忳埋葬了他，于是他重金感谢了王忳。 ②长安有一个姓张的人，独自居住，有只鸠鸟从外面飞来，停在床上，张氏说："鸠鸟飞来，给我带来灾祸，就飞到天花板上去；给我带来福运，就立即飞进我怀里。鸠鸟飞进他的怀里，他伸手去摸，鸠鸟消失了，却摸到一支金钩，于是当做宝贝。从此他的子孙逐渐富裕，财产增加万倍。蜀郡一个商人来到长安，听说这件事，就贿赂张家婢女，婢女把金钩偷给商人。张家丢失金钩后家业逐渐衰败。蜀郡那个商人也屡次遭到厄运，对自己没有好处。有人告诉商人说这是天命，不能强求，于是商人带着金钩去还给张家，张家又重新昌盛了起来。因此关西地方有张氏传钩的说法。 ③丁公，名固，季布的同母异父弟弟，项羽部将。他曾率兵在彭城以西追上刘邦，两军短兵相接，刘邦急了，回头对丁公说："你我都是贤能之人难道要互相迫害吗？"丁公便带兵返回，刘邦因此突围。项羽失败后，丁公拜见刘邦，刘邦把丁公带到军队中游行示众，说："丁公作为项羽的臣子却不忠诚，让项羽失去天下的人，就是丁公。"于是刘邦杀死了丁公并说："让后世做臣子的人不要效仿丁公！" ④雍齿，秦末时期人，跟从刘邦反秦。刘邦取得天下后，未及时论功行赏，大家都有意见。张良于是建议刘邦可以先给雍齿封侯，因为雍齿与刘邦有宿怨，而且让他多次窘迫受辱，但是顾及雍齿功劳大，所以没有杀他，如果雍齿被封侯，那么群臣见到后，就对自己能封侯深信不疑了。于是刘邦封雍齿为什方侯，群臣知道后都高兴地说："雍齿尚且被封为侯，我们这些人就不担忧了。"

陈雷胶漆①，范张鸡黍②。
周侯山巍③，会稽霞举④。

【注释】①陈雷，指陈重和雷义。陈重，字景公。雷义，字仲公，两人均为东汉时期名士。太守张云推举陈重为孝廉，陈重要让给雷义，推让了十几回合，张云不同意。后来陈重和雷义同时为尚书郎，雷义因受谗言被罢官，回到老家，陈重多次上书为雷义辩护无效，还辞官去看雷义。雷义回到家里后被举荐为茂才，他推让给陈重，官府不从，他就假装疯癫披头散发奔走，不应召命。乡里的人谈论这件事说："胶和漆自以为坚固，却也比不上雷义和陈重的情谊。" ②范张，指范式和张邵。范式，字巨卿。张劭，字元伯，两人均为东汉时期名士。两人一起回乡，范式对张劭说："两年后我要回京城，我会去拜见您的父母，看看您的孩子。"然后就共同约定了日期。后来约定的日期快到了，张劭让母亲布置好酒食恭候范式，母亲说："都分别两年了，千里之外约定的事情，你怎么就这么相信他呢？"张劭回答说："范式是讲信用的人，一定不会违背诺言。"母亲说："如果真是这样就该为你们酿酒。"到了那天，范式果然来了，二人升堂互拜对饮，喝得十分畅快后相互告别。 ③周侯，即周顗，字伯仁，晋朝时期官员、名士。当时的人说周顗严肃的样子看起来像高高耸立的断山，使人可望而不可攀登，即使是一起交好的人也不敢亲近他。后用作人神色严肃，不能亲近的典故。④会稽，东晋简文帝司马昱，字道万，东晋第八位皇帝。晋废帝时，每当朝会，屋里总是很昏暗，只有司马昱来时，总是朝服穿得很整齐，神采奕奕，给人以朝霞升起之感。

季布一诺[1]，阮瞻三语[2]。
郭文游山[3]，袁宏泊渚[4]。

【注释】[1]季布，汉初官员、侠士，曾效力于项羽，后来归顺刘邦。一生特别讲信用，只要答应办的事情就一定要办到，从没有失信于人。他以侠义闻名，重守诺言，因此人们常说："得黄金百斤，不如得季布一诺。" [2]阮瞻，字千里，"竹林七贤"之一阮咸之子，西晋时期官员。王戎曾经问他："圣人看重名教，老庄申明自然，他们的主旨有无异同？"阮瞻回答说："都不同。"王戎叹息良久，便命令征召他，当时人称他为"三个字的掾属"。后用"三语掾"表示对官员的赞美。 [3]郭文，字文举，晋朝名士。从小喜欢山水，崇尚退隐，十三岁时，经常到山林里游玩，过了十天八天还不知道回家。父母死后，郭文辞别家乡去游览名山。洛阳沦陷后，他挑着担子走进吴兴余杭大辟山里无人的地方，用木头靠着树，把茅草盖在上面就住进去了。当时猛兽作恶，进入房子里害人，但是郭文独自住了十多年，始终没有遭受灾祸。 [4]袁宏，字彦伯，时称袁虎，东晋时期玄学家、文学家、史学家。谢尚镇守牛渚时，在一个秋天的夜晚乘着月色穿着常服和宾客一起渡江，当时袁宏在船中高声吟咏，声音清亮，文采出众，谢尚不禁停下船听了很久。后来知道是袁宏，就登船一起交谈，通宵达旦，自此袁宏开始有了名声。

黄琬对日①，秦宓论天②。

【注释】 ①黄琬，字子琰，东汉时期名臣。当时发生了日食现象，黄琬祖父黄琼上言报告此事，太后问他情况，黄琼思考该如何回答，年仅七岁的黄琬在旁边说道："为什么不说日食剩下的就像刚升起的月亮呢？"黄琼恍然大悟，立即按照黄琬说的回答报告太后，并且认为黄琬十分与众不同，十分喜爱他。 ②秦宓，字子敕，三国时期蜀汉时官员、学者。曾经与东吴使者张温谈论，张温问他："您学习吗？"秦宓说："五尺高的孩子都学习，您又何必小看人！"张温又问："天有头吗？"秦宓说："有头。"张温问："头在何方？"秦宓说："在西方，《诗经》说'乃眷西顾'。由此推论，头在西方。"张温问："天有耳朵吗？"秦宓说："天高高在上却能听到地下声音，《诗经》有言，'鹤鸣九皋，声闻于天'。如果上天无耳，用什么来听？"张温问："天有脚吗？"秦宓说："有，《诗经》说'天步艰难'。假如上天没有脚，凭什么行走？"张温问："天有姓吗？"秦宓说："有姓。"张温问："姓什么？"秦宓说："姓刘。"张温问："您怎么知道？"秦宓回答说："当今天子姓刘，因此而知道天姓刘。"张温问："太阳诞生在东方吧？"秦宓说："虽然它诞生在东方，而最终归宿在西方。"一问一答如山中回音，应声随出，张温对秦宓十分敬服。

孟轲养素①，扬雄草玄②。

【注释】①孟轲，即孟子，名轲，字子舆，战国时期哲学家、思想家、政治家、教育家，儒家学派的代表人物之一，与孔子并称"孔孟"。孟子认为自己善于培养所拥有的浩然之气，并认为这种气极端浩大有力量，所以就应该用坦荡的胸怀去培养滋养它而不加以伤害。　②扬雄，字子云，西汉时期著名辞赋家、思想家，平生好学，著述颇丰。汉哀帝时，外戚丁氏、傅氏和董贤等权臣先后辅政专权，凡是投靠、依附他们的人，一入仕途就能做到俸禄二千石的高官，而扬雄却埋头撰写《太玄》，把名利看得很淡薄。

向秀闻笛①，伯牙绝弦②。
郭槐自屈③，南郡犹怜④。

【注释】①向秀，字子期，魏晋时期文学家，"竹林七贤"之一。向秀和嵇康是好朋友，他们志趣相投，后来嵇康被杀，往日的美好不复存在了，向秀将要远行，路过嵇康故居，恰逢邻居在屋中吹笛，笛声悲凉凄苦，想到往日纵情山水之间的美好时光，向秀不禁发出了深深的叹息。　②伯牙，春秋时期人物，精通琴艺。伯牙与钟子期是一对千古传诵的至交典范。伯牙善于演奏，钟子期善于欣赏。这也是"知音"一词的由来。后钟子期因病亡故，伯牙悲痛万分，认为这世上再也不会有知音了，天下再不会有人像钟子期一样能体会他演奏的意境。所以就把自己最心爱的琴摔碎，挑断琴弦，终生不再弹琴。　③郭槐，字媛韶，魏晋官员贾充的妻子。贾充最初娶李婉，但李婉牵连获罪而流放，被赦免后，贾充已经娶了郭槐，因为郭槐的嫉妒，贾充只能与李婉不再往来。起初郭槐曾有意拜访李婉，贾充因知郭槐不如李婉，便阻拦她前往。直到贾充与郭槐女儿贾南风成为太子妃后，郭槐盛装往李婉住处。才刚见李婉出迎，竟为其气势所迫，不自觉地屈身向她行礼。因此贾充每次出门，郭槐就派人跟踪他，生怕他去找李婉。　④南郡，桓温妻南郡主。桓温平定蜀地，纳李势女儿为妾。南郡主十分忌妒，立即前往李氏住所，拔刀想要杀了她。到了住处后，正遇见李氏在梳头，她并没有因为南郡主到来而表情有变，而是很平静地面对。她说："我国破家亡，并不情愿到这里来。今天如果能被杀死，倒是遂了我的心愿。"南郡主丢下刀说："我见了你尚且怜爱，何况老奴（指代桓温）呢。"

鲁恭驯雉①，宋均去兽②。
广客蛇影③，殷师牛斗④。

【注释】 ①鲁恭，字仲康，东汉时期官员。鲁恭担任县令时，注重用道德来感化人民，袁安听说后，怀疑这不是真的，暗地里派人前往核实。那个人跟随鲁恭行走在田间小路，一起坐在桑树下，有野鸡跑过，停在他们身旁，旁边有个小孩，那个人问："你为什么不抓它？"小孩说："野鸡还很小，不可以捕捉"。那个人感到惊讶，就起身和鲁恭告别。 ②宋均，字叔庠，东汉时期名臣。任九江太守时，境内有很多老虎，官府常常设立捕兽的栅栏、陷阱却仍然有很多人被伤害。宋均说："虎豹有各自生活处所，况且江淮之地有猛兽，就如同北方有鸡、猪一样。成为祸患在于官吏的残忍，而不辞辛劳地张网捕捞，不是顾及百姓的做法。一定要斥退奸邪、贪婪的人，考虑提拔忠诚、善良的人，就可以全部去掉栅栏、陷阱，免除赋税。"这件事过了以后有传言说老虎都相互结伴向东边渡过长江了。 ③乐广，字彦辅，西晋时期名士。乐广曾经有一位亲密的朋友，分别很久而不来，乐广问朋友原因，友人回答说："前些日子来你家做客，正端起酒杯要喝时，看见杯中有一条蛇，心里十分害怕，喝了那杯酒后，就得了重病。"当时，乐广家墙壁上挂着一张角弓，弓上用漆画了蛇。乐广猜想杯中的蛇就是角弓的影子。他在原来的地方再次请朋友饮酒，朋友又看到了蛇，于是乐广就告诉他原因，客人心情豁然开朗，病顿时好了。即成语"杯弓蛇影"来源。 ④殷师，西晋时期官员，殷师之子殷仲堪，是东晋末年名臣，殷师曾经患耳病，病中虚弱惊疑，恍惚听到床下蚂蚁的动响，以为是大牛相斗。后来用"蚁斗"指体虚心悸。形容体衰耳聪，极度过敏。

元礼模楷①，季彦领袖②。

鲁褒钱神③，崔烈铜臭④。

【注释】　①元礼，李膺，字元礼，东汉时期官员、名士。当时太学中有传言，说三万余名太学生，郭林宗、贾伟节是领袖，而且一起与李膺、陈蕃、王畅互相欣赏，学生当中评价说："天下模楷李元礼，不畏强御陈仲举"。（意思是李膺是天下士子的楷模，陈蕃不畏惧强权压迫。）　②季彦，裴秀，字季彦，魏晋时期名臣、地理学家。裴秀自幼好学，品德良好有风度，他的叔父裴徽在当时名望很高，家中常有宾客在拜见裴徽之后，还要与裴秀交谈。但裴秀生母出身微贱，嫡母宣氏对她无礼，曾让她给客人端饭菜。客人见她后都站起来致礼，裴秀母亲说："我这样微贱，客人致礼是因为裴秀啊。"宣氏知道此事后，就不再轻视她了。当时人们作谚语称赞裴秀道："后进领袖有裴秀。"　③鲁褒，字元道，西晋时期文学家。晋惠帝元康之后，纲纪败坏，贿赂盛行，世风日下，鲁褒对当时黑暗的社会环境很失望，于是匿名写了《钱神论》来讥讽社会丑态。　④崔烈，字威考，东汉时期官员、名士。汉灵帝时期买卖官位盛行，三公官位要千万钱，崔烈通过灵帝的保姆程夫人只花了五百万钱买到了司徒的官位，有一天他问儿子崔钧："我位居三公，现在外面怎么议论我的？"崔钧回答："父亲年少时有美好的名望，大家都说你应该官至三公，但百姓都嫌弃你有铜臭。"以此嘲讽用金钱买官的丑恶行为。

梁竦庙食[1]，赵温雄飞[2]。
枚乘蒲轮[3]，郑均白衣[4]。

【注释】①梁竦，字叔敬，东汉时期文学家、易学家。梁竦出生在洛阳，却不喜欢洛阳，他才能出众，但是郁郁不得志，曾经登高望远，叹气说："大丈夫在人世间，活着就应该被封侯，死后就应该立庙，受人祭祀。"显示出梁竦高远的人生理想。　②赵温，字子柔，东汉时期官员。赵温当初在京兆尹任上时说："大丈夫应该奋发有为，怎么能屈居下位，无所作为。"于是放弃官位而离开。③枚乘，字叔，西汉时期辞赋家，与邹阳并称"邹枚"，与司马相如并称"枚马"，与贾谊并称"枚贾"，著有汉赋名篇《七发》。汉武帝还是太子的时候就听说了枚乘的才名，即位后，枚乘年纪已经很大了，于是汉武帝用蒲叶包着车轮来请枚乘，让他坐在安车上，以便行驶时车身更为安稳。表示皇帝对贤能者的优待。　④郑均，字仲虞，东汉时期名士。郑均青年时对道家黄老之书颇为倾注，养成清廉、乐于助人的品德，多次被荐为官而未上任。后来汉章帝以公车特征郑均到朝廷做官，未再推辞，不久升尚书。告老还乡后，他待人谦和，保持晚节，为乡里所尊敬，当时人们尊称他为"白衣尚书"。

陵母伏剑①，轲亲断机②。
齐后破环③，谢女解围④。

【注释】①陵母，王陵的母亲。王陵，西汉开国功臣，官至丞相。刘邦微贱时像对兄长一样对待王陵，等刘邦起事攻入咸阳，王陵也带兵加入刘邦。项羽把王陵母亲放在军中，想招降王陵。王陵母亲暗中对王陵派来的使者哭道："希望替我告诉王陵，好好侍奉汉王，不要因为我而有二心。我用死来为你送行。"便伏剑而死。项羽很生气，烹煮了王陵母亲，王陵最终跟随刘邦平定了天下。 ②轲亲，孟轲(孟子)的母亲，孟子逃学回家，当时孟母正在织布，当即用刀断其机织，说："你荒废学业，就像我现在斩断机织一样。"孟子从此刻苦学习。后断机便成为贤母教子的典故。 ③齐桓公娶卫侯女儿为夫人，等到要讨伐卫国的时候，卫夫人来见桓公，摘掉簪子耳环，解下身上的玉佩，多次下拜要替卫国请罪，桓公说："齐和卫没有来往，为什么请罪？"卫夫人说："现在您走路脚抬得很高，外表强硬，声音高亢，意图攻伐卫国，所以来请罪。"桓公最终放弃了讨伐卫国的想法。 ④谢女，谢道韫，字令姜，东晋时期女诗人。一次，王献之(谢道韫丈夫王凝之的弟弟)与友人谈论诗文时，难以应对，一时间处于下风，被此经过的谢道韫得知窘境，欲为之解围，就让丫鬟悄悄对王献之说"欲为小郎解围"，于是设青绫布幔来遮住自己，接着王献之之前的话题，让宾客无法应对。

凿齿尺牍[1]，荀勖音律[2]。
胡威推缣[3]，陆绩怀橘[4]。

【注释】①凿齿，即习凿齿，字彦威，东晋时期著名史学家、文学家。桓温出兵征战时，习凿齿有时行军有时留守，所任职务，常常处在机要之位，任职理事颇有功绩，擅长写书信议论事务，桓温十分器重信任他。 ②荀勖，字公曾，三国至西晋时期音律学家、文学家、藏书家，西晋开国功臣。荀勖曾掌管音乐，他所修订的音律流行于世，后又与张华一起按照西汉刘向的《别录》整理古籍，还收弟子教习书法，以钟繇、胡毋敬的书法为规范。 ③胡威，字伯武，曹魏至西晋时期名臣。胡威父亲胡质任荆州刺史时，胡威去省亲，因家贫没有车马僮仆，独自驱赶驴车前往。每到客舍停下，亲自割草、打柴、做饭。到荆州后住了十多天马房。辞别回家时，父亲给了他一匹绢，胡威说："父亲廉洁高尚，怎么得到此绢的？"胡质说："是我薪俸中节余下来的，把它作为你的干粮吧。"胡威接受了绢，告辞还家。 ④陆绩，字公纪，东汉末年官员。陆绩六岁时拜见袁术，袁术给他吃橘子，陆绩在怀里藏了三个橘子。等要回去时，陆绩向袁术拜别，怀里橘子掉在地上。袁术笑着说："你来做客为什么要在怀里藏橘子呢？"陆绩跪在地上回答说："我想留给母亲吃。"袁术对他大为惊讶。

罗含吞鸟[1]，江淹梦笔[2]。
李廞清贞[3]，刘驎高率[4]。

【注释】①罗含，字君章，号富和，东晋时期思想家、哲学家、文学家、地理学家，中国山水散文的创作先驱。曾经在白天睡觉时梦见一只羽毛非常艳丽的鸟飞入口中，起来后很好奇地和他的叔母朱氏说起，朱氏说，梦见彩鸟，你以后必将以文采著称，从此文思逐渐敏锐。②江淹，字文通，南朝政治家、文学家。江淹年轻时刻苦读书，文思敏捷，作品深得众人喜爱。曾经在冶亭留宿，梦中见到郭璞，郭璞说有支笔在江淹身边多年，现在可以还给他了，于是江淹在怀里探到一支五色笔还给了他，从此就文思枯竭，才能丧尽。③李廞，李茂曾的第五个儿子，为人清正，品德高尚，从小瘦弱多病，所以不肯结婚做官。后来他暂住在哥哥侍中的陵园里。有了很大的名望后，丞相王导想聘请他做相府属官，李廞得到王导的任命，笑着说："茂弘（王导）竟然拿一个官爵来雇佣人。"④刘驎，即刘驎之，字子骥，东晋时期人物。刘驎之崇尚朴素的品质，清高直率，没有很大欲望，桓冲想聘用他，派人送去很多礼物。于是刘驎之上船出发，但桓冲送的礼物一点也没有收受，沿途拿来送给贫困的人，等他见到桓冲，便陈述自己没有才能，然后就辞去了职务。

蒋诩三径[1]，许由一瓢[2]。
杨仆移关[3]，杜预建桥[4]。

【注释】 [1]蒋诩，字元卿，东汉时期官员，以廉直著称，因为不满王莽专权而辞官隐退故里，闭门不出，在家门前开辟三条小路，只跟高洁之士求仲、羊仲往来。后来用"三径"意指隐士所居之处。 [2]许由，字武仲，上古隐士，许姓始祖。帝尧想禅让给许由，许由推辞说："如今天下太平，我深知鸟在林中筑巢，树木再多，也不过占据一根树枝；鼠到河里喝水，水再多，也只不过喝饱肚皮。我哪里用得着天下？"此后以种田为生，终生不再过问天下之事。后孔子赞叹颜回贤明时曾用："一箪食、一瓢饮，在陋巷。人不堪其忧，回也不改其乐。" [3]杨仆，西汉名将。汉武帝时，楼船将军杨朴功勋卓著。他是河南新安人，认为自己是关外人（即为函谷关以东的人）不光彩。他上书武帝请求把函谷关向东迁移三百里，以自家财产为经费，武帝批准了这个请求。 [4]杜预，字元凯，魏晋时期著名政治家、军事家和学者。杜预鉴于孟津渡有淹没风险，建议在富平津建桥。有些人认为这是历代圣贤不曾做的事，加以反对。杜预力排众议，终于把桥建成。皇帝向他祝贺说："非君，此桥不立也。"杜预回答说："不是陛下英明，我也成不了事。"

寿王议鼎[1]，杜林驳尧[2]。
西施捧心[3]，孙寿折腰[4]。

【注释】①寿王，即吾丘寿王，字子赣，善于下棋。武帝曾得宝鼎，群臣祝贺说："陛下得到周鼎。"只有吾丘寿王一人说不是周鼎。汉武帝问他理由，寿王说："周朝功德从后稷开始，文王武王建立周朝，周公时光耀天下，上天感应，鼎为了周朝出现，所以称周鼎。现在汉朝从高祖到陛下，光大基业，功德更盛，从前秦始皇亲自寻找周鼎，没有找到，如今宝鼎自动出现，这是上天要兴盛汉朝，这就是汉鼎，不是周鼎。"武帝认为他说的很对，并赐给他十斤金。 ②杜林，字伯山，东汉时期官员，博学多闻，被誉为通儒，后世推崇他为"小学之宗"。有一年朝议祭祀礼制，朝臣多数认为周朝祭祀后稷，汉朝应当祭祀帝尧，唯独杜林认为周朝兴盛，就是因为祭祀后稷，如今汉朝基业兴起，与帝尧没有缘故。故坚持祭祀后稷，最后光武帝听从了他的建议。 ③西施，本名施夷光，春秋时期越国美女，一般称为西施，后人尊称其"西子"。西施心口疼痛而皱着眉头在邻里间行走，邻居的一个丑女人看见了认为她这样很美，回去后也在捂着胸口皱着眉头。邻里的有钱人看见了，紧闭家门而不出；贫穷的人看见了，带着妻儿子女远远地跑开了。那个丑女人只知道皱着眉头好看却不知道皱着眉头好看的原因。 ④孙寿，东汉权臣梁冀之妻。孙寿姿色很美，善于装出一副妖里妖气的样子，把眉毛画得又扁又细，两颊淡抹着像有泪痕的粉妆，发髻偏垂，扭腰作态，双脚好像不能支撑体重，扮出一脸巧笑以媚惑梁冀。

灵辄扶轮①，魏颗结草②。
逸少倾写③，平子绝倒④。

【注释】①灵辄，春秋时期晋国侠士，赵宣子打猎时住在翳桑，遇到了三天没吃饭的灵辄，赵宣子就将食物送给他吃，可他却留下一半，准备留给家中母亲吃，赵宣子就另外又给他准备了食物。后来，灵辄做了晋灵公的武士，当时灵公想杀赵宣子，灵辄在搏杀中反过来抵挡晋灵公的手下，使宣子得以脱险。 ②魏颗，春秋时期晋国魏武子之子。魏颗没有按照父亲的遗愿，让父亲的小妾去陪葬而让她改嫁他人。后来在同秦将杜回作战时，那小妾父亲的灵魂在战场上把草打结绊倒秦国大将杜回，帮助魏颗擒拿杜回，算是对他的报答。 ③逸少，即王羲之，字逸少，东晋时期书法家，有"书圣"之称。王羲之很喜欢鹅，曾经向一位道士买鹅，这位道士要求王羲之写一卷《道德经》来换，王羲之非常开心，很快就写完了，这里"倾写"当为"倾泻"，用来形容王羲之书法的酣畅淋漓，不拖泥带水的艺术特色。 ④平子，即王澄，字平子，西晋时期官员、名士。王澄才华出众，很少有他敬重佩服的人，但是每当听到卫玠谈论说话，总不免赞叹并为之倾倒。

澹台毁璧①，子罕辞宝②。
东平为善③，司马称好④。

【注释】 ①澹台，即澹台灭明，字子羽，孔子弟子，教育家，孔门七十二贤之一。澹台灭明曾经身带一块玉璧渡河，大风忽起，有两条蛟龙从波涛中跃出，对渡船成夹击之势，澹台灭明奋起挥剑斩杀两条蛟龙，登岸后他把玉璧扔进河中，河伯三次归还，澹台灭明把玉璧毁坏而离开，以示自己毫无吝啬之意。
②子罕，即乐喜，字子罕，春秋时期宋国贤臣。宋国有人得到一块美玉，把它献给子罕，子罕不肯接受。献玉的人说："我已经拿给玉工看过了，玉工认为它是宝物，所以我才献给您。"子罕说："我把不贪婪当作宝物，你把美玉当作宝物。如果把玉给了我，那么我们两个人都丧失了宝物，不如各自保有自己的宝物吧。"
③东平，即刘苍，东汉光武帝刘秀之子，谥东平宪王。汉明帝曾经问东平王刘苍在家做什么最快乐？刘苍回答说为善最快乐。　④司马，即司马徽，字德操，东汉末年隐士，精通道学、奇门、兵法、经学，有"水镜先生"之称。司马徽从不说别人的短处，与人说话时，从来不问别人的好恶，都说好话。一个同乡来问他过得怎么样，他回答好。有一个说自己的儿子死了，他也说好。妻子骂他缺德，别人死了儿子为什么还要说好，司马徽说："你的话也太好了。"

公超雾市①，鲁班云梯②。

田单火牛③，江逌爇鸡④。

【注释】①公超，即张楷，字公超，精通《严氏春秋》《古文尚书》。传说张楷能作法兴起五里大雾，还懂得医道和法术，向他学习道术的人门庭若市，人们称他的府宅为"雾市"，因为他家的周围常有他兴起的雾气笼罩着。现在华山还有一条山谷以他的名字命名，叫作"张公超谷"。 ②鲁班，春秋时期鲁国人，人称公输盘，惯称鲁班。云梯在古代属于战争器械，是攀越城墙攻城的用具。云梯的发明者一般认为是春秋时期鲁国的公输般（鲁班），当时楚惠王为了达到称霸目的，命令公输般制造了历史上的第一架云梯。 ③田单，战国时期齐国名将，齐国远房宗室。燕昭王时，燕将乐毅破齐，田单坚守即墨。后来燕惠王即位，田单向燕军诈降，在夜间用一千多头牛，牛角上缚上兵刃，尾巴系上苇草灌上油，以火点燃，猛冲燕军，并以五千勇士随后冲杀，大败燕军，杀死替代乐毅的燕将骑劫，田单乘胜接连收复齐国七十余城。 ④江逌，字道载，东晋时期官员，曾经跟随将领殷浩北伐羌人。羌人首领姚襄在距离殷浩大军十里的地方扎营，江逌分析现在尽管军队精良但是人数很少，而且羌人防御工事牢固，难以正面对抗，必须用计谋击败他们。于是找了几百只鸡用长绳连起来，在脚上系上火苗，几百只鸡惊恐地飞向姚襄的营帐并引起了大火，羌人因此大乱，江逌派军队跟在后面攻击，打败了羌人。

蔡裔殒盗^①，张辽止啼^②。
陈平多辙^③，李广成蹊^④。

【注释】①蔡裔，字元子，东晋时期官员。蔡裔气质勇猛，他说话的声音如同打雷一样震耳。曾经有两个小偷进到他家房内，蔡裔拍床高声一喊，小偷都肝胆俱裂而死。　②张辽，字文远，三国时期曹魏名将。合肥之战中张辽率领八百人两次冲击东吴十万大军，最终东吴军队被张辽击破而败走。从此，张辽威震江东，每当江东地区的小孩们啼哭不止，小孩们的父母就会说"张辽来了"来吓唬小孩，让他们不再哭泣。　③陈平，西汉王朝开国功臣之一，官至丞相。陈平到娶亲的年纪时，同乡人都看不上他，有一个富户叫张负，他的孙女先后嫁了五次，每次丈夫都早亡。陈平想娶她为妻，但苦于家贫。张负知道后去了陈平家，陈平住在靠近城外偏僻的小巷子里，用破席当门，但门外却有很多贵人留下的车轮印迹，张负很看好他并最终决定把孙女嫁给陈平。　④李广，西汉时期名将。司马迁在为李广立传时评论道："桃李不言，下自成蹊。"意思是说，桃李有着芬芳的花朵，甜美的果实，虽然它们不会说话，但仍然会吸引人们到树下赏花尝果，以至树下都走出一条小路，李广将军就是以他的真诚和高尚的品质赢得了人们的崇敬。成语"桃李不言，下自成蹊"即来源于此。

陈遵投辖①，山简倒载②。
渊客泣珠③，交甫解佩④。

【注释】①陈遵，字孟公。陈遵喜欢饮酒，每次举行酒宴，就关上门，把客人车子上的键头投入井中，那怕有急事，也不能出去。陈遵虽然时常喝醉酒，但是公事并没有耽误。后来用"陈遵投辖""孟公投辖"等喻指主人好客留宾，情真意笃。 ②山简，字季伦，西晋时期名士，是山涛第五子。山简喜欢喝酒，他镇守襄阳时，经常约朋友到高阳池游玩，少不了要饮酒作乐，他经常喝得烂醉如泥，躺倒在车上，当时人们用"山简倒载"来形容醉鬼。 ③渊客，即鲛人，中国古代神话中的人鱼。人鱼从水中出来，住在人家多日，眼见米缸空了，主人将要去卖绡纱，人鱼向主人要一器皿，它哭泣的眼泪成为珠子装满一盘子，来赠给主人。 ④交甫，即郑交甫，据传为周朝人，曾经在汉江遇到过两位仙女，她们服饰华丽，佩戴两颗鸡蛋大的明珠。郑交甫用言语调戏她们，提出要所佩的明珠，明珠在当时被看作是定情信物，她们就解下给他。郑交甫刚走十步，发现佩珠不见了，回头一看，两女子也不见了。

龚胜不屈①，孙宝自劾②。
吕安题凤③，子猷访戴④。

【注释】①龚胜，字君宾，汉朝时期官员、学者。龚胜很注重名节，王莽篡国后，就归隐不做官了，坚守汉臣气节，坚决不依附王莽。王莽多次派人邀请他出来做官，他都不接受。他对门人高晖说："我受汉朝恩情很重，怎么能侍奉篡位的王莽呢？死后有什么脸去见汉朝的君主呢？"于是绝食而死。后世常用作宁死不屈以守臣节的典型。 ②孙宝，字子严，西汉时期官员，通晓经术。御史大夫张忠想让孙宝做属官，让孙宝教他儿子经学，另外还给孙宝安排了一套房子，准备了一些生活必需品。孙宝自己辞职离去，张忠再三挽留他也没有成功。 ③吕安，字仲悌，三国至曹魏时期名士。吕安与嵇康交好，有一次拜访嵇康，因为没有事先约定，嵇康不在家，嵇康哥哥嵇喜出门迎接，可吕安瞧不起嵇喜，连门槛都未进，便要打道回府，还提笔在门上写了一个"凤"字。嵇喜不明白什么意思，还以为是吕安赏识他，沾沾自喜。其实，"凤"繁体字为"鳳"，拆开来就是"凡鸟"，这是吕安讥讽嵇喜庸才，俗不可耐。 ④子猷，即王徽之，字子猷，东晋时期名士、书法家，王羲之第五子。王徽之住在山阴时，有次下大雪，王徽之忽然想起戴安道。当时戴安道住在剡县，两地相距一百多里，他立即连夜坐小船到戴家去。船行了一夜才到，到了戴家门口，没有进去，就原路返回。别人问他什么原因，王徽之说："我本是趁着一时兴致去的，兴致没有了就回来，为什么一定要见到戴安道呢！"

董宣强项①，翟璜直言②。

纪昌贯虱③，养由号猿④。

【注释】①董宣，字少平，东汉时期官员，因办事不畏权贵被称为"卧虎""强项令"。当时光武帝姐姐湖阳公主的奴仆大白天杀人，藏在公主府里，官府不敢抓捕，于是董宣等公主出门时，拦住马车，当面指责公主过失，就地捕杀了那个奴仆。因此被光武帝庭杖，逼迫他向公主叩头谢罪，董宣两手撑地，始终不肯低头，于是有了"强项令"的说法。 ②翟璜，战国时期魏国国相，辅佐魏文侯。魏文侯问官员自己是一个什么样的君主，群臣都说的是赞扬之语，任座却说是一位不贤明的君主。文侯不高兴，准备处罚任座。翟璜在一边说只有贤明的君主，他的臣子说话才直率。刚才任座的话很直率，因此可知文侯很贤明。文侯听了很高兴，急忙将任座从门口请过来，拜为上卿。 ③纪昌，中国古代寓言故事人物，为神箭手，以好学和坚韧著称。纪昌学习射箭时，曾用牦牛尾巴的毛系住一只虱子悬挂在窗户上，远远地看了它十天，虱子在纪昌的眼中渐渐变大了。三年之后，虱子在他眼里有车轮那么大。纪昌用这种方法看其他东西，都像山丘一样大，于是他用弓箭射那只虱子，穿透了虱子中心，但毛却没有断。 ④养由，即养由基，春秋时期人物，从小就善于射箭，成年后在楚国做官，被称为神箭手。有一次，楚王在园林中游玩，有只白猿在那里，楚王命令擅长射箭的人射它。箭射出去好几支，只见那白猿嘻笑着接住箭。楚王就令养由基来射。养由基刚拿起弓，那猿就吓得抱着树号哭起来。

冯衍归里①，张昭塞门②。
苏韶鬼灵③，卢充幽婚④。

【注释】①冯衍，字敬通，东汉时期辞赋家，才华出众，博览群书。光武帝要惩办外戚家中的宾客，冯衍遭受牵连，被下狱问罪，后来因为大赦才得以出狱，从此冯衍回归故里，闭门不再结交旧友。后世用为罢官归乡的典故。 ②张昭，字子布，三国时期东吴重臣。辽东太守公孙渊想和东吴结盟，孙权于是准备派使者前去。张昭劝谏不能和辽东结盟，孙权不听，张昭就称病不再去上朝，孙权更加生气，命令用土封住张昭家门，表示他永远不必出门了，张昭也用土从门内将门堵住，以表示他也永远不打算出门了。后来孙权派去的使者果然被杀，孙权这才向张昭认错，两人重归于好。 ③苏韶，字孝先，两晋时期官员。苏韶死后，其鬼魂多次显灵，与堂兄弟苏节等饮酒交谈，提出改葬和阴间事情，苏节和苏韶鬼魂对话的时候，只见苏节的嘴在动，好像声音很宏亮的样子，但是旁人却什么也听不到。 ④卢充，《搜神记》中人物，卢充家与崔少府的墓相隔三十里，卢充打猎追逐一只獐子，进入了崔少府的墓地，与墓中的崔家女儿结婚生子。后来卢充回家，到集市上卖崔家女儿的金碗，被崔家的姨母发现才知道这件事。来看孩子时，与卢充、崔家女儿都很像，于是卢充的父亲就给孩子取字"温休"，温休当时就是"幽婚"的意思。

震畏四知①，秉去三惑②。
柳下直道③，叔敖阴德④。

【注释】 ①震，即杨震，字伯起，东汉时期名臣。杨震曾经举荐王密为茂才，后来王密担任昌邑县长，去看望杨震，晚上又送给杨震十斤金子。杨震说："老朋友知道你，你为什么不知道老朋友呢？"王密说："现在是深夜，没有人会知道。"杨震说："天知、神知、我知、你知，怎么说没有人知道呢。"王密惭愧地离开。②秉，即杨秉，字叔节，东汉中期名臣，杨震之子。杨秉以清廉著称，有其父杨震遗风。做官三十年，朝廷有所得失时，杨秉总是规劝进谏，他的建议大多被采纳。杨秉生性不喜饮酒，又早年丧妻，便不再娶。他曾从容的评价自己说："我不受三种东西的迷惑：'酒、女色、财货。'" ③柳下，即柳下惠，字季禽，春秋时期思想家、政治家、教育家。柳下惠因为道德学问名满天下，曾经拒绝各国诸侯聘请，有人问他缘故，他说："自己在鲁国之所以屡被黜免，是因为坚持了做人的原则。如果一直坚持下去，到了哪里也难免遭遇被黜免的结果；如果放弃做人的原则，在鲁也可以得到高官厚禄。那又何必离开生我养我的故乡呢？"④叔敖，即孙叔敖，芈姓，名敖，字孙叔，春秋时期楚国令尹，善于治水。孙叔敖小时候出去玩看见了一条两头蛇，传说看见两头蛇的人会早死，孙叔敖担心别人再看见它，就把它杀掉埋了起来，回家后跟母亲说自己恐怕要死去了，他母亲知道埋蛇的事情后对他说："你做了有阴德的事，上天将会赐给你福气，所以你不会死的。"等到孙叔敖长大后，人们都相信他是个仁慈的人。

张汤巧诋①，杜周深刻②。
三王尹京③，二鲍纠慝④。

【注释】①张汤，西汉时期官员、酷吏。张汤断决罪犯，若是汉武帝想加罪，他便让廷尉深挖罪名，若是汉武帝想宽恕罪过，他便要廷尉减轻罪状。如果罪犯是豪强，那么一定玩弄文字构陷罪名诋毁他，如果是贫弱的下等平民，则当即向汉武帝口头报告，虽然说是让武帝裁决，但最后往往还是依照张汤的建议。②杜周，字长孺，西汉时期官员、酷吏。杜周平常沉默寡言，老成持重，外表宽柔但内心刻薄，历史上称他为"内深刺骨"，比起当时以严酷著称的其他酷吏，杜周执法更为严酷。 ③三王，即西汉时期的王遵、王章、王骏。西汉成帝时，王骏担任京兆尹，成帝想要重用他，所以用政事试一下他的才能，之前担任京兆尹的有赵广汉、张敞、王遵、王章以及王骏，三个姓王的京兆尹都很有名，于是长安的人谈论说："前面有赵张，后面有三王。" ④二鲍，即东汉时期的鲍永和鲍恢。当时皇帝叔父赵王是非常尊贵的皇亲，鲍永曾经弹劾他大不敬，于是朝廷权贵都有所收敛，谨慎了许多。鲍恢当时也不畏强权，所以皇帝常说："皇亲国戚应该收敛一下以避开二鲍的弹劾。后用作执法严明、不畏权贵的典故。

孙康映雪[①]，车胤聚萤[②]。

李充四部[③]，井春五经[④]。

【注释】①孙康，东晋时期官员，古代励志人物。孙康从小喜欢读书，但家境贫穷，一到晚上因为家里没有灯所以不能读书，这让他很难过。有一年冬天，下大雪后月光皎洁，他发现书上的字在雪地里看得很清楚，孙康非常高兴，忙坐雪地里看书，坐累了就躺在雪地里，映着雪的反射光线读书。 ②车胤，东晋时期官员，古代励志人物。车胤家中贫寒，晚上看书没钱点灯。一个夏天的晚上，他见到许多萤火虫在空中飞舞，像许多小灯在夜空中闪动，他立刻捉上一些萤火虫，把他们装在绢袋里，萤光就照射出来。车胤借着萤火虫发出的微弱灯光，终于能夜以继日地苦读。 ③李充，字弘度，东晋时期著名的文学家、文论家、目录学家。李充曾将当时混乱的典籍，删除重复的地方，同一类别的归为一处，共分为四部，很有条理性，这种分类方式后来被宫廷藏书机构所延用。 ④井春，即井丹，字大春，东汉时期官员。井丹年轻时在太学读书，通晓《五经》，善于谈论，所以洛阳人称他为"五经纷纶井大春"（意思是夸奖井大春关于《五经》的知识非常渊博）。

谷永笔札①，顾恺丹青②。
戴逵破琴③，谢敷应星④。

【注释】 ①谷永，字子云，西汉时期官员。谷永年轻时在长安担任小官，后来学习经典，擅长公文书信（书札），屡次上书说明朝廷政治得失。后用来赞美擅长写书札的典故。 ②顾恺，即顾恺之，字长康，东晋时期杰出画家、绘画理论家、诗人。因为他在文学和绘画方面有很高的成就，于是人们称他为画绝、文绝和痴绝。顾恺之博学多才，尤善绘画，精于人像、佛像、禽兽、山水等，谢安非常看重他，认为世间从来没有过这样的人。顾恺之与曹不兴、陆探微、张僧繇合称"六朝四大家"。顾恺之作画，意在传神，其"迁想妙得""以形写神"等论点，为中国传统绘画的发展奠定了基础。 ③戴逵，字安道，东晋时期隐士、美术家、雕塑家。戴逵因为多才多艺而引起朝廷的注意，武陵王司马晞听说戴逵鼓瑟有清韵之声，就派人召他来演奏。戴逵深以为耻，当着使者的面将瑟砸碎，说戴安道不是王门的伶人。戴逵深切地痛恨那些故作风雅、奢侈放纵的官僚贵族，认为替他们鼓瑟是奇耻大辱。 ④谢敷，字庆绪，东晋时期隐士，佛、道大师。东晋哀帝时，月亮犯少微星（处士星），算命者认为有隐士要死去，当时谯地隐士戴逵才名很大，人们替他担忧。不久，谢敷死去了，因此会稽人嘲笑吴人（当时吴地包括谯地）说："吴中的高士，便是求死不得死。"意思是谢敷才是名符其实的隐士，老天爷不承认戴逵是处士星下凡。

阮宣杖头^①，毕卓瓮下^②。

文伯羞鳖^③，孟宗寄鲊^④。

【注释】①阮宣，即阮修，字宣子，西晋时期官员、名士阮咸从子。阮宣子常常步行的时候拿一百钱挂在手杖上，到酒店里，就独自开怀畅饮。即使是当时的显要人物，他也不肯登门拜访。　②毕卓，字茂世，东晋时期官员。毕卓在担任吏部郎时，经常饮酒而废弃公事。邻舍酒酿好了，毕卓因为喝醉酒晚上到酒瓮中偷偷饮酒，被管酒的人抓住。第二天早上一看，原来是毕卓，马上解开绳子，毕卓就拉着主人在酒瓮旁宴会，到喝醉才散去。　③文伯，即公父文伯，姬姓，名歜，春秋时期鲁国三桓季悼子之孙。公父文伯邀请露睹父喝酒，筵席上有甲鱼，但是很小，露睹父很不高兴说："等它长大一点再来吃。"便起身走了。文伯母亲知道了这件事，发怒道："宴请时应当尽心侍奉主客，甲鱼有多宝贵？为什么要使客人生气？"便将文伯赶出家门。过了五天，鲁国的大夫们来求情，才让他回家。　④孟宗，即孟仁，本名孟宗，字恭武，三国时期吴国官员。孟宗曾经被授予掌管渔业的官职，有一次他结了网去捕鱼，捕好鱼后做成能长久贮藏的鱼鲊寄给他的母亲，他母亲把鱼封好了还给他，并且说："你做着掌管渔业的官，用贮藏的鱼寄给我，那不是避嫌的道理，应当深深的警戒。"后用来作为称赞子孝母贤的典故。

史丹青蒲①，张湛白马②。
隐之感邻③，王修辍社④。

【注释】①史丹，字君仲，西汉时期官员。汉元帝晚年想废太子刘骜（汉成帝）另立定陶王。元帝病重时，定陶王和他母亲常在旁侍候，太子难得接近。史丹是元帝亲信，得以侍候在旁。等到没有他人时，他进入元帝寝宫，跪在青色蒲团上恳切地劝谏元帝不要废太子，元帝被感动，太子地位得以保住。 ②张湛，字子孝，东汉时期官员。张湛端庄严肃，崇尚礼节，且勇于直谏。他常常骑白马，光武帝每次见到他就说："那个骑白马的人又要来进谏了。" ③隐之，即吴隐之，字处默，东晋时期廉吏、名士。吴隐之十多岁时父亲死，他常痛哭号泣，路人也因此落泪。他对母亲很孝顺，到母亲死时，他极为哀痛。邻居韩康伯的母亲听到吴隐之的哭声时如果在吃饭，就会扔掉筷子停止吃饭，为他悲伤地哭泣，并且让自己的儿子韩康伯举荐吴隐之。 ④王修，字叔治，东汉时期官员。为人正直，治理地方时抑制豪强、赏罚分明，深得百姓爱戴。王修七岁时母亲在当年祭祀土地的社日去世，他极为悲伤。第二年社日，王修思念母亲，非常哀痛，邻居们因此停止社日的祭祀活动。

阮放八隽①，江泉四凶②。
华歆忤旨③，陈群蹙容④。

【注释】①阮放，字思度，东晋时期官员。当时阮放与羊曼等八人友善，时称阮放为宏伯，郗鉴为方伯，胡毋辅之为达伯，卞壸为裁伯，蔡谟为朗伯，阮孚为诞伯，刘缓为委伯，羊曼为䜛伯，号"兖州八伯"，来比拟古代的"八隽"。②东晋时期，兖州有"八伯"的名号，之后还有"四伯"的说法，江泉因为能吃为"谷伯"，史畴因为肥胖为"笨伯"，张嶷因为狡猾为"猾伯"，羊聃因为乖戾为"琐伯"，来比拟古代的"四凶"。③华歆，字子鱼，东汉至三国曹魏时期名士、重臣。④陈群，字长文，三国时期著名政治家、曹魏重臣，魏晋南北朝选官制度"九品中正制"和曹魏律法《魏律》的主要创始人。魏文帝曹丕受禅即位，相国华歆没有开心的表情，尚书令陈群也是皱着眉头，很扫曹丕的兴。曹丕很抵触华歆的表情，所以改任他为司徒，也不提高爵位。后来曹丕问陈群不高兴的原因是什么，陈群说："我和相国华歆都曾经在汉朝为官，陛下即大位，我们内心虽然喜悦，但是也要有留恋旧主的样子。"曹丕听了很高兴。

王浚悬刀①，丁固生松②。
姜维胆斗③，卢植音钟④。

【注释】①王浚，字彭祖，西晋时期将领。王浚任广汉太守时，一天夜里梦见卧室屋梁上悬挂着三把刀，后来又增加一把。他醒来后担忧有不祥之事，对下属说起这怪梦，主簿李毅祝贺说："三刀是州字，增一刀，大概是您得接管益州了。"果然不久王浚被提升为益州刺史。　②丁固，字子贱，三国时期吴国著名政治家、重臣。丁固任尚书令时，曾梦见肚子上长出一棵松树，醒来后对人说："松字拆开来是十八公三个字，大概十八年后我要位居三公吧。"后来丁固真的升至司徒，是三公之一。　③姜维，字伯约，三国时期蜀汉名将。魏国将军邓艾攻破蜀汉成都后，姜维向魏将钟会投降，后来策动钟会叛魏，钟会军队不听指挥，发生兵变，钟会和姜维都被杀了，后来魏兵剖开姜维肚子，发现他的胆像斗（古代的一种大酒杯）一样大。　④卢植，字子干，东汉末年名臣、将领、经学家。卢植的嗓门很大，声音像铜钟一样洪亮，性格刚毅，有高尚品德，常有匡扶社稷，救济世人的志向。

桓温奇骨①，邓艾大志②。
杨修捷对③，罗友默记④。

【注释】①桓温，字元子，东晋政治家、军事家、权臣。桓温在婴儿时，名士温峤见到他说："这小孩有奇特的骨相。"听到他的哭声又说："真是英雄啊。"桓温的父亲因为儿子得到温峤的赏识，所以取名为"温"。 ②邓艾，字士载，三国时期魏国杰出的军事家、将领。其人文武全才，深谙兵法，对内政也颇有建树。邓艾少年时家中贫穷，但他胸怀大志，每当见到高山、大湖时，就规划测度用手指示意军营扎寨的地方，当时人们都取笑他。 ③杨修，字德祖，东汉文学家。杨修为人恭敬，学问渊博，非常聪慧，常常能猜透曹操的心思，曾经解曹娥碑"黄绢幼妇，外孙齑臼"为"绝妙好辞"，而曹操等车驾行出三十里才解出，于是赞叹杨修的才思超过自己三十里。 ④罗友，字宅仁，东晋时期官员。罗友在桓温幕下做官时，曾跟随桓温平定蜀地，他能把沿途所见的城池楼房、道路以及果木等物都暗记在心。桓温后来说起蜀中的事情有遗漏，罗友都能一一列举出来，没有错漏，桓温和蜀地官员核对，都像罗友说的一样，在座的人都很叹服。

杜康造酒①，苍颉制字②。
樗里智囊③，边韶经笥④。

【注释】①杜康，《史记》记载他是夏朝的国君，道家。杜康是中国古代传说中的"酿酒始祖"，因为杜康善于酿酒，后世将杜康尊为酒神，制酒业则奉杜康为祖师爷。后世多以"杜康"借指酒。 ②苍颉，俗称苍颉先师，《说文解字》《世本》《淮南子》都记载苍颉是黄帝时期造字的史官，见到鸟兽的足迹而受启发，分门别类，加以搜集、整理和使用，在汉字的创造过程中起了重要作用，被尊为"造字圣人"。 ③樗里，即樗里疾，又称樗里子、严君疾，嬴姓，名疾，战国时期秦国宗室将领，秦孝公庶子，秦惠文王异母弟，他母亲是韩国人。樗里疾能说会道，足智多谋，绰号"智囊"，擅长外交、军事。 ④边韶，字孝先，东汉学者，以写文章著称。边韶能言善辩，有一次他白天打瞌睡，他的一个弟子私下嘲笑说："边孝先，腹便便。懒读书，但欲眠。（边孝先大腹便便，懒于读书，只想睡觉）"他知道后马上回答说："边为姓，孝为字，腹便便，五经笥。但欲眠，思经事。寝与周公同梦，静与孔子同意。师而可嘲，出何典记？（边是姓，孝是字，大腹便便里面装的都是五经的知识，因为思考五经而瞌睡，睡觉时和周公做同样的梦，安静时和孔子有同样的意旨，你嘲笑老师，出自什么典故记载呢？）"边韶用妙语辩解自己打瞌睡，嘲笑他的那个弟子非常惭愧。

滕公佳城①，王果石崖②。
买妻耻醮③，泽室犯斋④。

【注释】①滕公，即夏侯婴，西汉开国功臣之一。夏侯婴去世的时候，公卿官员们都去送葬。灵车到东都门外，突然拉车的马不走了，一边用蹄刨地一边悲鸣，于是让人挖马蹄下的地，得到一块刻有铭文的石头，铭文为："佳城郁郁，三千年见白日，吁嗟滕公居此室。"（这是一处多么好的风水宝地呀！三千年才见到天日。呜呼，滕公要在此地长眠。）于是就将夏侯婴葬在那里。 ②唐朝左卫将军王果乘船出任雅州刺史。有一天他把船停泊在江上，一抬头发现岸边的悬崖半腰有一口棺材，那棺材有一半悬空在外。于是他沿着悬崖爬上去看，结果发现一行铭文，铭文写道："欲堕不堕逢王果，五百年中重收我。"（棺材将要坠落却不坠落的时候遇到了王果，五百年中他将重新收敛我）王果叹气说道："我现在就重新埋藏这个人吧，我被贬到雅州，原来是命中注定的啊！"于是将他埋藏好就离开了。 ③买妻，朱买臣的妻子。朱买臣，字翁子，西汉时期官员。朱买臣发迹前家里贫穷，靠砍柴卖柴维持生活，经常一边背负柴薪一边在路上读书。妻子也挑担同行，后来觉得这样的日子让人羞愧，最后和他离婚。等到朱买臣成为太守后，看见他的前妻及丈夫在修路，就停下车，叫后面的车子载上他们，送到太守府，并安置在园中，供给食物。过了一个月，他的妻子就上吊死了。 ④泽室，周泽家室。周泽，字穉都，东汉时期官员，精通《公羊春秋》。周泽为政清廉，循规蹈矩，经常带病坚持在寺庙中斋戒，他的妻子可怜他年老多病，进去问他有什么不舒服。周泽大怒，认为妻子触犯斋禁的规定，就收捕她并送至牢狱表示请罪，当时人们认为他虚伪偏激。

māhòu dà liàn　　mèngguāng jīng chāi
马后大练①，孟光荆钗②。
yán shū bǐng zhú　　sòng hóng bù xié
颜叔秉烛③，宋弘不谐④。

【注释】 ①马后，即明德皇后，伏波将军马援的小女儿，汉明帝刘庄的皇后。马皇后贵为后宫之主，显贵至极，但仍保持朴素的本色，常穿粗丝衣服，裙子也不加边饰。后来以马后大练用作后妃俭朴的典故。　②孟光，即东汉贤士梁鸿之妻，孟光仰慕名士梁鸿之贤，自愿嫁给他，一改婚前穿着华丽、涂脂抹粉的富人习惯，换了发式，用荆枝当作钗，又穿上布衣，穿上粗布做的裙，夫妻俩同甘共苦，互敬互爱。　③颜叔，即颜叔子，春秋时鲁国人，传说他洁身自好，坐怀不乱，不贪恋女色。颜叔子独自在家时，因为夜间下暴风雨，邻居寡妇家中房屋被雨淋坏而来他家避雨，为了避嫌，他让寡妇拿着火烛过了一夜。后来柴草用光了，他就折取房屋的木料来烧火取暖，只是为了避嫌。　④宋弘，字仲子，东汉时期官员。光武帝姐姐湖阳长公主的丈夫去世了，公主因而守寡，光武帝问公主再嫁的想法。公主说："宋弘的相貌品德在群臣之上。"光武帝说："我来想想办法。"于是召见宋弘，当时公主就坐在屏风后面，光武帝对宋弘说："俗话说地位尊贵了就换朋友，家中有钱了就换老婆，这是人的本性么？"宋弘说："我听说卑贱时的朋友不能忘，共患难的老婆不可抛弃。"光武帝听后，回头对屏风后面的公主说："这事办不成了。"这就是成语糟糠之妻不下堂（糟糠之妻）的典故出处。

邓通铜山[①]，郭况金穴[②]。

秦彭樊辕[③]，侯霸卧辙[④]。

【注释】①邓通，西汉时期著名富豪。汉文帝让一个善于相面的人给邓通相面，相面人说："邓通以后会因为穷困而饿死。"文帝说："我就能让邓通富有，怎么说他会贫困呢？"于是将邓通家乡附近的大小铜山都赏赐给他，准许他私自铸钱。 ②郭况，东汉光武帝刘秀第一位皇后郭圣通之弟。光武帝数次光临他的府第，和朝廷的公卿诸侯及亲家一起聚会，赏赐无数的金钱绸缎，极度丰盛，当时洛阳人说郭况家就是金穴。 ③秦彭，字伯平，东汉时期官员。秦彭任颍川太守时，治理有方，极得人心。离任时，当地的老人孩子攀着车辕哭泣，整条道路都是哭声，大家都不愿他离去。 ④侯霸，字君房，东汉时期官员。侯霸任淮平郡太守时，极得民心。后来他被征召入朝任职，百姓听说后集体出城，男女老幼，相互扶持着大声痛哭，他们手挽手挡住使者的车，有的人横躺在路中央，想阻止使者的车前行，大家都说："想请侯霸再留任一年。"

淳于炙輠①，彦国吐屑②。
太真玉台③，武子金埒④。

【注释】 ①淳于，即淳于髡，战国时期齐国政治家、思想家。淳于髡非常智慧，当时齐国人有"炙輠过髡"的说法，形容他的智慧像用火加热车上盛油器后流出的油膏，连绵不断，越说越流利。 ②彦国，即胡母辅之，字彦国，西晋时期名士。王澄在给别人写的信中说胡母辅之（字彦国）的佳言妙语就像锯木时的木屑一样，连绵不绝，他确实是后辈中的领袖。 ③太真，即温峤，字太真，东晋时期名士、名将。温峤妻子去世后，想娶堂姑刘氏的独生女儿，堂姑也嘱咐温峤给女儿寻门亲事，就回答说："好女婿实在难找，像我这样的可以吗？"堂姑说："哪里敢奢望你这样的人啊？"事后没几天，温峤告诉堂姑已找到人家，门第还可以，女婿的名声职位都不比他差，并且送了一个玉镜台作为聘礼。结婚行礼后，新娘拨开团扇，笑道："早就怀疑是你，果然不出我所料。" ④武子，即王济，字武子，西晋时期外戚、官员。王济家中非常富有，他生活奢侈，性格豪爽，爱好骑射，于是他买了块地建了一处养马场，还用铜钱将养马场一圈的矮墙都铺满，当时人称之为"金沟"。

巫马戴星①，宓贱弹琴②。

郝廉留钱③，雷义送金④。

【注释】①巫马，即巫马施，字子期，也称巫马期，春秋时期鲁国人，孔子弟子，七十二贤之一，以勤奋著称。 ②宓贱，即宓子贱，字子贱，春秋时期鲁国人，孔子弟子，孔门七十二贤之一。他注重修养，有德行。巫马期和宓子贱先后治理单父政务。宓子贱每天只是弹琴，从不走出屋外，单父仍治理得很好。巫马期每天披星戴月，早出晚归，具体事务都亲自去做，单父也管理得很好。巫马期问宓子贱为什么悠闲着还能管好单父？宓子说："我的办法是集中大家的力量，这样当然轻松，而你凡事亲力亲为，必然很辛苦。" ③郝廉，西汉时期人物，生性廉洁，一生从不贪便宜。他在远行路上，每次取水都要投一枚铜钱到井中。他到姐姐家吃饭，也会偷偷在坐席下留钱之后才走。 ④雷义，字仲公，东汉时期名士。雷义任地方官时，曾搭救过一个被判死罪的人，后来那人送二斤金给他，他不接受，那人偷偷地把金子放到他家的天花板上。很久以后，他修理屋子时才发现金子，可那人已死，无法归还，他就将金子送到县里充了公。

逢萌挂冠[①]，胡昭投簪[②]。
王乔双凫[③]，华佗五禽[④]。

【注释】①逢萌，字子康，西汉时期名士，曾经求学于长安太学，王莽杀掉了他的儿子，逢萌和朋友说："人伦纲常已经断绝了，再不离开，就要危害到我自己。"于是解下官帽挂在了东都城门上，回家后与家人一起渡海客居到辽东。　②胡昭，字孔明，三国时期隐士、书法家。曹操多次想聘请胡昭做官，最后他推辞不过，和曹操坦诚地表示自己只是一个村野书生，没有治理国家和军队的才能，所以依然恳求让他离开。曹操只能答应他，他后来居住在陆浑山里，以种地读书为人生乐趣。投簪，即丢下固定官帽用的簪子，意为辞官隐居。　③王乔，东汉时期官员。王乔通神仙之术，每月初一，他能够从做官的邺县赶到朝廷，汉明帝奇怪他赶路不用乘车骑马，便派人暗中监视他。那人报告说，王乔快到朝廷时，就有一对野鸭子从东南方向飞来。于是明帝派人埋伏守候，见那对野鸭子飞来，就用网捕捉，结果只得到一双鞋子，那鞋子还是朝廷官员专属的。④华佗，字元化，东汉末年著名的医学家。华佗被后人称为"外科圣手""外科鼻祖"，后人多用神医华佗称呼他。华佗创造出一种防病治病的体操"五禽戏"，模仿虎、鹿、熊、猿、鸟五种动物的动作形态，练习后能强身健体。

程邈隶书[1]，史籀大篆[2]。

王承鱼盗[3]，丙吉牛喘[4]。

【注释】①程邈，字元岑，秦朝时期书法家。程邈因犯罪被关在狱中十年，他在狱中潜心研究书法，当时正值秦始皇推行"书同文"政策，把小篆作为全国统一文字，虽然用小篆写公文比以前方便许多，但小篆不便于速写，还是费时费事，影响工作速度和效率。于是程邈将篆书改进为隶书，写出三千多个标准的隶书字，受到了秦始皇赏识。　②春秋时期周宣王有一位史官叫籀，他编写了历史上最早的识字课本《史籀》，共十五篇，当时用的标准字体就是我们今天所说的大篆。　③王承，字安期，东晋时期官员、名士。王承任东海太守时，有一个小吏偷了池里的鱼，有人提议要从严处理，王承说："周文王的猎场尚且和百姓共享，这池塘的鱼有什么舍不得的呢？"于是不予追究处理。后来用为为政宽恕的典故。　④丙吉，字少卿，西汉时期名臣，官至丞相。丙吉有一次外出，碰到路上有人打群架，死伤惨重，但丙吉不闻不问，径直走开了，后来又碰到一人在赶牛车，牛累的气喘吁吁，丙吉特地停下来问牛赶了多少路。他的随从对丙吉关心牛而不关心人的做法很奇怪，丙吉却说："有人打架是地方官府要管的事，我作为丞相只要考察官吏就行，但你看那赶路的牛，现在还是春天，天气也不热，它赶路就已经大汗淋漓，气喘吁吁，我怀疑是生病了，牛是农业民生根本，这是影响天下百姓的大事啊，我自然要问。"随从听后，对他心悦诚服，认为他识大体。

贾琮褰帷①，郭贺露冕②。
冯媛当熊③，班女辞辇④。

【注释】①贾琮，字孟坚，东汉时期官员，为政清廉。贾琮出任冀州刺史，按照惯例接他的马车要挂上红色的帷帐，贾琮表示要打开帷帐（褰帷）赴任，要多看多听，惩恶扬善，不能垂下帷帐遮住耳朵眼睛。后来用以表示官吏接近百姓，体察民情的典故。②郭贺，字乔卿，东汉时期官员。郭贺担任荆州刺史时，政绩突出，受到光武帝赐冕旒嘉奖，并特批他的车队行进时要挂起车上的帷帐，让百姓看到他的冕旒，以此来彰显他的德行。③冯媛，汉元帝的宠妃。元帝有一次去虎圈观看野兽搏斗，有一头熊从圈内逃出，跑上大殿，随从和嫔妃都四散逃走，只有冯媛上前阻挡，试图让熊抓住她后停止攻击，以此来保护元帝。元帝感叹她的舍身忠诚，对她更加敬重。④班女，即班婕妤，汉成帝后妃，西汉时期女文学家，班固的祖姑，有才学，善长辞赋。成帝宠爱班婕妤，想和他同坐一个辇游玩，班婕妤断然拒绝说："历代的圣贤君主，左右随从都是名臣，只有夏商周三代的亡国之君让宠妃侍奉左右，如今您要和我同坐一辇，这不是和三代亡国之主有点相似吗？"成帝觉得很有道理，便打消了这个念头。

王充阅市①，董生下帷②。

平叔傅粉③，弘治凝脂④。

【注释】①王充，字仲任，东汉时期思想家、文学批评家。王充家境贫寒，没钱买书，但他又爱好读书，在洛阳学习时，经常到市场书摊上看要买的书，看完就能全部记下。因此他博通诸子百家的学说，后来写下著名的《论衡》。②董生，即董仲舒，西汉时期思想家、政治家、教育家。董仲舒为儒生讲学时，常常垂下帷幕讲授，先入门的弟子把所学的知识传给后入门的弟子，他采用这种传授学问的办法，使得不少弟子都见不到他一面。 ③平叔，即何晏，字平叔，三国时期曹魏官员、玄学家。何晏容貌俊美，面色洁白，魏明帝怀疑他脸上抹粉，有一年夏天，魏明帝故意赏赐他热汤面吃，他吃得大汗淋漓，只好用衣服擦汗，他擦完汗后，脸色显得更白了，明帝这才相信他没有抹粉。 ④弘治，即杜乂，字弘治，东晋时期外戚、官员。杜乂以容貌俊美闻名，王羲之见到后说他"肤若凝脂，眼如点漆，此神仙人也。"意思是他的皮肤像凝结的油脂一样光滑细腻，眼珠乌黑明亮像点了漆，真是神仙一般的人啊。

杨生黄雀①，毛子白龟②。
宿瘤采桑③，漆室忧葵④。

【注释】①杨生，即杨宝，东汉时期隐士，名士杨震之父。杨宝九岁时，曾抢救了一只被老鹰击伤的黄雀，并把它带回家精心喂养，等它伤好后，就把它放了。当天夜里有一个穿黄衣的小孩向杨宝拜谢，并送杨宝四只白玉环，意思是让杨宝的子孙都保持身家清白，而且官运亨通，能担任三公，果然杨宝的儿子杨震、孙子杨秉、曾孙杨赐都官至三公。　②毛子，即毛宝，字硕真，东晋时期将领。毛宝在武昌做官时，有一个士兵在市场上买了一只白龟拿回家饲养，养大后就将它放回长江。毛宝镇守邾城时，城破突围，部下六千多人掉入长江淹死，毛宝也被淹死。那个养龟的士兵跳入江中时，却像落到石头上一样，一看原来是以前养的白龟，白龟将他送到对岸，他因此得以幸存。　③宿瘤，即宿瘤女，战国时期齐闵王王后。齐闵王外出游玩，百姓都来围观，只有一个采桑叶的女子没有去看热闹，齐闵王看到她脖子上长着一个大瘤子，问她为什么不来观看？她回答说："我父母叫我采桑叶，没有叫我观看大王。"闵王认为她是个奇女子，就要用车载她回宫。可她却说这样不合规矩，闵王于是按礼仪娶她为王后。她进宫后，对齐国的政治整顿起到很大的作用，后世称她为"宿瘤女"。　④春秋时期，鲁穆公年老而太子年幼，漆室地方的一个女子对此非常忧虑。邻居笑话她说："这是大臣们担忧的事，妇道人家哪有担忧的份？"她说："不对。以前晋国有客人住在我家，马跑出来踩坏了葵菜地，让我一年都没有葵菜吃。邻居女子跟人私奔，请求我哥哥去追，他在路上遇大水淹死，从此我再没有哥哥了。如今国君老迈太子年幼，必然会有奸人作乱，到时候君臣都蒙受耻辱，灾祸也降到百姓头上，女子就能幸免吗？"三年后，鲁国果然内乱，齐国、楚国趁机攻打，鲁国陷入连年战乱中，男子去打仗，妇女也上前线运物资，不能安息。

韦贤满籯①，夏侯拾芥②。
阮简旷达③，袁耽俊迈④。

【注释】①韦贤，字长孺，西汉时期丞相。韦贤和他儿子韦元成都精通经学，官至丞相，所以当时有谚语说："遗子黄金满籯，不如一经。"（留给子孙黄金满筐，不如传授一卷经书）" ②夏侯，即夏侯胜，字长公，西汉时期官员、学者，创立了今文尚书，称"大夏侯学"。夏侯胜常对学生说："读书人的缺陷在于不精通经典，如果精通了，要取得官职就像弯腰拾取小草一样容易。如果精通不了，那么不如回家耕作。" ③阮简，魏晋时期名士，阮咸之侄，也生性旷达，在父亲丧期时，赶路遇到大雪，于是去拜访浚仪县令，任意取食了浚仪县令为其他宾客所准备的鸡肉羹等菜肴，受到时人非议，以至于三十年都无法当官。 ④袁耽，字彦道，东晋时期官员。袁耽死时才二十五岁，他英俊出众，倜傥不羁，很有才气，可惜英年早逝。

苏武持节①，郑众不拜②。
郭巨将坑③，董永自卖④。

【注释】①苏武，西汉时期杰出的外交家，民族英雄。汉武帝时苏武出使匈奴被扣留，后来被迁到北海放羊，尽管处境十分艰难，甚至粮食都没有，只能掘野鼠所储藏的果实吃，苏武依然拄着汉节牧羊，生活起居都拿着，以致汉节上的毛全部脱落，最终苏武在昭帝时回到汉朝。②郑众，字仲师，东汉时期经学家、官员。汉明帝时单于派使者要求和亲，明帝派郑众持节出使匈奴，匈奴人要求郑众向单于下拜，但郑众不肯，单于因而大怒，将他软禁，并不给他食物，意图逼郑众屈服，但郑众拔剑发誓，宁死不屈，单于只能放他回到洛阳。③郭巨，东汉时期人物，以孝闻名于世，"二十四孝"人物之一。郭巨妻子生了孩子，郭巨心想养儿妨碍侍奉母亲，这是一；老人吃东西都喜欢分给儿孙，会减少饭食，这是二。于是就在荒郊野地掘坑，要埋掉儿子，却挖到一个石盖，石头盖子下有黄金一瓦罐，里面有红字书写的信，上面说："孝子郭巨，黄金一釜，以用赐汝。"于是郭巨名振天下。④董永，东汉时期人物，"二十四孝"人物之一。董永父亲死了，没有钱埋葬，董永就自己卖身为奴，用卖身钱供办丧事用。买他的主人知道他贤能，给了他一万钱而且打发他走了，董永三年守丧后又回到主人家做奴仆。

仲连蹈海[1]，范蠡泛湖[2]。

文宝缉柳[3]，温舒截蒲[4]。

【注释】 [1]仲连，即鲁仲连，又名鲁连，尊称"鲁仲连子"或"鲁连子"，战国时期齐国人。鲁仲连很有气节，善于出谋划策，不愿为官，他曾表示如果秦国称帝统一天下，那么他宁愿跳进东海而死也不愿做秦国的百姓。 [2]范蠡，字少伯，春秋时期政治家、军事家、经济学家和道家学者，曾献策扶助越王勾践复国，兴越灭吴，后来归隐经商，自号"陶朱公"。范蠡帮助越王勾践灭掉吴国之后，功成名就，但觉得勾践是个可以共患难而不可以共安乐的人，就偷偷地离开越国，一叶扁舟泛游五湖，隐居去了。 [3]文宝，即孙敬，字文宝，东汉时期政治家，纵横家。孙敬到洛阳求学时，将母亲安排住在太学旁的一间屋子里，然后用杨柳木片代替竹简抄写经书。后用作形容勤学苦读的典故。 [4]温舒，即路温舒，西汉时期著名司法官员。路温舒小时候给人家牧羊，在水边割蒲草的叶子编成书简，用来写字。后用作形容勤学苦读的典故。

伯道无儿[①]，嵇绍不孤[②]。
绿珠坠楼[③]，文君当垆[④]。

【注释】①伯道，即邓攸，字伯道，两晋时期官员。邓攸曾经带着妻儿和侄子逃难，他自知不能同时保住儿子与侄子，侄子又是自己亡故弟弟的唯一后代，便舍弃了自己的儿子，保全了侄子。邓攸渡江后，妻子始终未能再孕，便纳一妾，后来询问姓名时，才知道是自己的外甥女。邓攸很有德行，从此不再纳妾，所以他到死也没能有儿子。当时人都感叹上天不公，竟然让邓攸没有儿子。 ②嵇绍，字延祖，西晋时期名臣、文学家，嵇康之子。嵇康和山涛是好朋友，他被诬陷定了死罪，临刑前对刚十岁的儿子嵇绍说："有山涛在，你就不会无依无靠了。"嵇绍长大后，山涛推荐他做了官。 ③绿珠，西晋时期石崇宠妾，古代著名美女之一。赵王司马伦当权时，他的属下孙秀爱慕绿珠，向失势的石崇索取，石崇说绿珠是自己所爱，无法做到，于是孙秀建议司马伦诛杀石崇，于是石崇被抓住，对绿珠说："我因你而获罪。"绿珠流着泪说："愿意死在你面前。"于是绿珠坠楼而死。 ④文君，即卓文君，西汉时期才女，古代四大才女之一、蜀中四大才女之一。司马相如和卓文君从私奔地成都回到临邛，把自己的车马全部卖掉，买下一家酒店，做卖酒生意，并且让卓文君站在酒垆前卖酒，自己穿起犊鼻裤，与雇工们一起忙活，在闹市中洗涤酒器。

伊尹负鼎①，宁戚叩角②。
赵壹坎壈③，颜驷寋剥④。

【注释】①伊尹,夏末商初政治家、思想家,商朝开国元勋、道家学派创始人之一、中华厨祖。伊尹想求见成汤而苦于没有门路,于是就去给有莘氏做陪嫁的男仆,背着饭锅砧板来见成汤,借着谈论烹调滋味的机会向成汤进言,劝说他实行王道。②宁戚,春秋时期卫国人,早年怀经世济民之才而不得志,后来辅佐齐桓公成就霸业。宁戚听说齐桓公尊重人才,便来到齐国,他乘坐牛车前去,在齐都临淄城东门外,给牛喂食,恰逢齐桓公出东门,宁戚当即叩牛角高声唱歌,最终引起齐桓公的注重而得到了重用。 ③赵壹,字元叔,东汉时期辞赋家。赵壹生平坎坷（坎壈),在担任郡中小吏时,被司徒袁逢及河南尹羊陟赏识,名声大震,州郡及朝廷都纷纷请他为官,但他不接受,终老于家中。当初袁逢让人给赵壹相面,评价说他的官职不会超过郡的级别,最后果然如此。 ④颜驷,字季逢,西汉时期官员,为颜子后代。汉武帝看到颜驷满头白发,就问他什么时候做郎官的,颜驷回答说在文帝时期就担任郎官了,文帝喜欢文臣,而他好武,汉景帝喜欢俊秀的臣下,而他貌丑,如今武帝即位,欣赏年少有为的人,而他已经老了,所以三朝都没能赶上时机。武帝听了十分感慨,赐给他会稽都尉的官职。寋剥意为运气、时机不好。

龚遂劝农①，文翁兴学②。
晏御扬扬③，五鹿岳岳④。

【注释】①龚遂，字少卿，西汉时期官员。龚遂担任渤海太守期间，发现齐地风俗奢侈，喜欢工商业，不务农事，于是龚遂亲自施行节俭以作表率，并鼓励百姓致力于农桑，规定每一个人种植一棵榆树、一百本薤、五十本葱、一畦韭，每一家喂养两只母猪、五只鸡，此后百姓渐渐富裕。 ②文翁，字仲翁，西汉时期官员。文翁担任蜀郡太守时，有感于蜀地僻陋，文化落后，于是采用措施推行教化。先是从郡县小官中挑选人员送到长安学习，学成回来后给予官职，又在成都开办学校，学员免除徭役，学习成绩好的给予官职。因此各县纷纷送子弟来入学。蜀地的民风得到极大的教化，到汉武帝时，朝廷命令全国郡县都设立学官，因此有学官从文翁开始创立这种说法。 ③晏，即晏婴，字仲，史称晏子，春秋时期齐国著名政治家、思想家、外交家。晏婴担任齐国相国后，他的车夫驾驭着四匹高头大马，意气扬扬，非常自得。他妻子见到后，要和他离婚，因为她不满丈夫身为人家的奴仆却还很得意，后来车夫就自我抑制。晏婴了解情况后，推荐车夫担任了大夫。 ④五鹿，即五鹿充宗，复姓五鹿，名充宗，西汉时期官员、学者，《齐论语》和《梁丘易》的传人。汉元帝想考辩梁丘氏与其他各家解说的异同，就命令五鹿充宗与各家《易经》学辩论。五鹿充宗凭仗着显贵地位和能言善辩，儒生们都不能与他抗衡。有人推荐朱云，就把他召入，朱云接连驳倒五鹿充宗，为了表达朱云驳倒五鹿充宗的情景，所以儒生们为他编了一句俗语："五鹿岳岳，朱云折其角。"（五鹿充宗趾高气扬，朱云将他的一只鹿角折断了。）

萧朱结绶①，王贡弹冠②。

庞统展骥③，仇览栖鹰④。

【注释】①萧朱，指西汉时期官员萧育与朱博。年轻时，萧育和陈咸、朱博是好友。过去有王阳、贡公互相援引的美谈，所以长安有俗语"萧朱互相援引，王贡相互推荐"，就是说朋友间互相荐举而共同显达。陈咸显达在先，二十多岁就当上御史中丞，当时朱博还只是亭长，被陈咸、萧育推荐而入仕。萧育和朱博后来产生隔阂，友谊中断了，所以人们认为交友是很难的。后以"萧朱结绶"为朋友互相引荐的典故，亦用以咏官场交谊化友为仇。②王贡，指西汉时期官员王吉和贡禹。王吉和贡禹是很好的朋友，贡禹多次被免职，王吉在官场也很不得志。汉元帝时，王吉被召去当谏议大夫，贡禹听到这个消息很高兴，就把自己的官帽取出，弹去灰尘，准备戴用。果然没多久贡禹也被任命为谏议大夫。③庞统，字士元，号凤雏，东汉末年刘备帐下重要谋士。刘备让庞统担任耒阳县令，在任期间他不理县务，被免官。东吴鲁肃写信给刘备，告诉刘备庞统不具备治理百里小县的才能，要让他担任谋士才能展现他千里马的才能。于是刘备召见庞统，一番交流过后对庞统大为器重。④仇览，字季智，东汉时期官员。仇览擅长以德育人，考城县令王涣崇尚严厉，听到仇览注重德化，便对仇览说："你对于他人的过错，不治罪而感化他，莫非缺少鹰鹯一样的威猛心志？"仇览说："我以为鹰鹯的威猛不如鸾凤的美好。"

葛亮顾庐^①，韩信升坛^②。
王褒柏惨^③，闵损衣单^④。

【注释】 ①葛亮，即诸葛亮，字孔明，号卧龙，三国时期杰出的政治家、军事家、文学家。徐庶向刘备建议亲自去请诸葛亮，不可以让他屈就到此，要让刘备放下地位尊严去拜访。刘备三次亲自前往拜访诸葛亮的草庐，最终将他请出山。②韩信，西汉开国功臣、军事家，兵家四圣之一、汉初三杰之一。萧何推荐韩信为将，并建议刘邦选个好日子，事先斋戒，再搭起一座高坛，按照任命大将军的仪式办理，最终韩信协助刘邦取得天下。③王褒，字子渊，西晋时期文学家。王褒父亲被司马昭所杀，因此他痛恨晋朝，不做晋朝的官员，在父亲坟墓旁盖了草屋，隐居教学，早晚到墓前跪拜，攀着柏树悲哀哭泣，眼泪滴在树根上，柏树慢慢枯死了。④闵损，即闵子，名损，字子骞。春秋时期鲁国人，孔子弟子，孔门七十二贤之一，孔门十哲之一，以孝闻名。闵损的继母给他做的棉袄里面塞的是芦苇，冬天赶车时因为寒冷饥饿而让车翻了，他的父亲鞭打他时发现了衣服里的芦苇，再看继母的两个儿子都是棉花，终于明白，于是要把妻子赶走，闵损为继母求情："母在一子寒，母去三子单。（母亲在，只有我一人受冻；母亲离开的话，两个弟弟都要和我一起承受没有母爱的孤单了）"父亲便不再休妻，继母也痛改前非。

蒙恬制笔①，蔡伦造纸②。
孔伋缊袍③，祭遵布被④。

【注释】①蒙恬，秦朝时期名将。秦朝时期人们都是用竹签刻字，非常不方便。有一次蒙恬打猎时看见一只兔子的尾巴在地上拖出了血迹，他剪下一些兔尾毛，插在竹管上，试着用它来写字，但是兔毛很油不吸墨，于是他把那支兔毛笔扔进了石坑。几天后他看见那支兔毛笔变得更白了，往墨盘里一蘸，写起字来非常流畅。原来，石坑里的水含有石灰质，经过碱性水的浸泡，兔毛的油脂去掉了，变得柔顺起来，这就是毛笔的来历。 ②蔡伦，字敬仲，东汉时期宦官，曾改进造纸术，制成"蔡侯纸"。当时造纸时，蔡伦挑选树皮、破麻布、旧渔网等，让工匠把它们切碎剪断，放在一个大水池中浸泡。过了一段时间后，杂物烂掉而纤维保留了，再把浸泡过的原料捞起，放入石臼中，不停搅拌，直到它们成为浆状物，再用竹篾挑起来，等干燥后揭下来就变成了纸。 ③孔伋，字子思，春秋时期鲁国人，思想家、教育家，孔子嫡孙。孔伋在卫国居住时，缺衣少粮，二十天吃了九顿饭，田子方派人送狐皮袍子给他，但他拒不接受，宁愿穿着乱麻作衬里的袍子。 ④祭遵，字弟孙，东汉中兴名将，"云台二十八将"之一。祭遵为人廉洁，克己奉公，他得到赏赐，都分给部下，不置产业，家里没有多余的财产。自己一生，穿皮裤，盖布被，妻子的衣裳也很简单，质朴至极。

周公握发①，蔡邕倒屣②。
王敦倾室③，纪瞻出妓④。

【注释】　①周公，西周时期杰出的政治家、军事家、思想家、教育家，周文王第四子，周武王弟弟，被尊为"元圣"和儒学先驱。周公的儿子伯禽要去封国，周公告诫说："我是文王之子、武王之弟，成王的叔父，在全天下我的地位不算低了，但我洗一次头要三次握起头发，吃一顿饭三次吐出正在咀嚼的食物，为了接待贤士，就这样还怕失掉贤人，你到鲁国之后，千万不要因为是诸侯国君而傲慢待人。"　②蔡邕，字伯，东汉时期名臣，文学家、书法家，才女蔡文姬之父。蔡邕刚见到王粲就觉得他是个奇才。当时蔡邕的才学天下闻名，他家常常宾客满坐。一天，蔡邕听说王粲在门外求见，便急忙出迎，连鞋子穿倒了也顾不上。③王敦，字处仲，东晋时期将领、宰相、权臣。王敦曾沉迷于女色，家中养有婢妾数十人，有人为此规劝。王敦便打开后门，将家中婢妾全部放出，任凭她们离去。　④纪瞻，字思远，东晋时期名士、重臣。纪瞻年轻时与陆机兄弟友善，陆机遇害后，纪瞻赡养接济陆家，无微不至，等到陆机女儿出嫁时，纪瞻送嫁妆，如同对自己的亲生女儿一般。

暴胜持斧[①]，张纲埋轮[②]。

灵运曲笠[③]，林宗折巾[④]。

【注释】 ①暴胜，即暴胜之，字公子，西汉时期官员。汉武帝末年，郡国盗贼四起，暴胜之被任命为直指使者，身穿鲜艳的绣衣，手持锋利的斧子，到各地镇压盗贼，其执法范围远达东部沿海一带。对违抗其命令的人，暴胜之就以严法论处，其威名震动各州郡。 ②张纲，字文纪，东汉时期官员。汉顺帝年间，朝廷派出八名专使到各州郡宣扬天子的恩德，推荐有用的人才，其中张纲年纪最轻，张纲离京刚到洛阳近郊，就将车轮卸掉埋在地下，愤然宣称："豺狼当道，安问狐狸！"随即草拟奏章，先弹劾了一帮朝廷高官，揭露他们的违法乱纪。 ③灵运，即谢灵运，字灵运，世称谢客，东晋时期诗人、佛学家、旅行家。谢灵运好游山水，辞官隐居后，常戴有曲柄的笠帽。隐士孔淳之问他："既然隐居，追求心地高远，为什么笠帽还有官吏用的仪仗伞样子的曲柄？"谢灵运说："我心中已无富贵之心，恐怕是怕影子的人还不能忘记影子吧。（只有畏影者心里才有个影子，如果不想到富贵，就不会怕富贵的影子，而孔隐士恐怕才是不能忘怀于富贵的）" ④林宗，即郭太，字林宗，出身贫贱，博学有才，擅长论议，为士人所仰慕。一次他出游时雨下，他将头巾折一个角入内，为的是多一层挡雨水。他这样戴头巾被人发现，人们都模仿，还称这是"林宗巾"。

屈原泽畔，渔父江滨①。
魏勃扫门②，潘岳望尘③。

【注释】①屈原，字灵均，战国时期楚国诗人、政治家，历史上一位伟大的爱国诗人，中国浪漫主义文学的奠基人，"楚辞"的创立者和代表作家。屈原被流放后，散着头发，面目憔悴地一边吟唱一边游荡在沅江边，遇到了一位避世隐身、钓鱼江滨的隐士，他劝屈原与世俗同流，不必独醒高举。但屈原坚持要时刻保持自己清白的节操，最终自沉于汨罗江。 ②魏勃，西汉时期将领，魏勃年少时试图求见齐国丞相曹参，因家贫没有办法打通关节，因而经常独自于清早时分前往齐国相府舍人的门外扫地。舍人奇怪，以为是鬼怪而在暗中察看，发现是魏勃。魏勃说："想见丞相而没有机会，所以为您打扫大门，想以此有机会求见丞相。"于是这位舍人把他引见给丞相曹参，曹参让他也做了舍人。 ③潘岳，字安仁，西晋时期文学家、政治家，容貌俊美，以文才著称，是西晋文学团体二十四友之首，被誉为"古代第一美男"。潘岳性格浮躁，趋炎附势，与石崇等谄事贾谧，总是等到贾谧出门，看到飞起的尘土就开始下拜。

京房推律①，翼奉观性③。
甘宁奢侈②，陆凯贵盛④。

【注释】①京房，本姓李，字君明，西汉时期学者。京房多次向朝廷提建议，以卦气、阴阳灾异推论时政，后来因为弹劾中书令石显专权，被石显所忌恨，被捕下狱处死。　②翼奉，字少君，西汉时期经学家。翼奉曾经向汉元帝提出建议，治理国家的关键在于明辨臣子的邪正，而辨邪正，可采用阴阳律历的理论考察人的性情，从而确定任用。翼奉因而得到汉元帝的重用。　③甘宁，字兴霸，三国时期孙吴名将。甘宁在巴郡杀了人，在逃亡路上也威风赫赫，名声大振。步行就将车骑列阵，水行就将轻舟连接。随从都穿着锦绣做的衣服，走到哪里，哪里就光彩熠熠。停留时，经常用锦绣系住舟船，离开时，再割断抛弃，以显示他的富有奢侈。　④陆凯，字敬风，三国时吴国后期重臣。吴国末帝孙皓有一次问陆凯："你的宗族有几人在朝任职呢？"陆凯回答道："两个丞相、五人封侯、十多位将军。"孙皓说："真是兴盛啊！"陆凯说："君主贤明，臣下尽忠，这是国家兴盛的象征；父母慈爱，儿女孝顺，这是家庭兴盛的象征。现在政务荒废，百姓困苦，臣唯恐国家灭亡，还敢说什么兴盛啊！"

干木富义①，於陵辞聘②。
元凯传癖③，伯英草圣④。

【注释】①干木，即段干木，名克，封于段，为干木大夫，故称段干木，春秋末战国初期魏国人。魏文侯有一次经过段干木的家门，就站起来扶着车前的横木表示恭敬。他的随从很不理解，文侯说："段干木是贤人，我怎么能不尊敬呢？他因有德行而取得声誉，我因有土地而取得声誉，他因为道义而精神富有，我因为金钱而物质富有，这样的人正是我应该学习和尊敬的啊！" ②於陵，指陈仲子，本名陈定，字子终，是战国时期齐国著名的思想家，隐居于於陵，自号"於陵仲子"。楚王听说陈仲子贤能，要聘他任国相，他对妻子说去做国相后就能坐四匹马拉的车，身边有一大批随从，吃饭也能吃一大桌子菜，可以去吗？他妻子表示坐车不过只要膝盖那么大的地方，一大桌子菜也不过几口肉就饱了，如今膝盖那么大的地方和几口肉就要担忧偌大一个楚国的政事，怎么可以呢？况且身处乱世，恐怕难以保命。于是陈仲子辞谢使者，不接受聘请，和妻子马上逃走，后来帮人家浇园种菜过日子。 ③元凯，即杜预，字元凯，魏晋时期著名政治家、军事家和学者。杜预特别喜欢读《左传》，有著作《春秋左氏经传集解》《春秋左氏释例》《春秋会盟图》《春秋长历》等，是《左传》研究专家。当时王济善于相马又很爱马，和峤贪财，杜预说王济有"马癖"，和峤有"财癖"，于是他自称有《左传》癖。 ④伯英，即张芝，字伯英，东汉著名书法家，被誉为"草书之祖"。张芝擅长草书，独创了草书的"一笔飞白"，开书法的一代新天地，历代书法大家誉称张芝草书为"一笔书"，他的字帖受到当时人们的珍重，同时代的书法家韦诞称他为"草圣"。

冯异大树①，千秋小车②。
漂母进食③，孙钟设瓜④。

【注释】①冯异，字公孙，东汉开国名将、军事家，云台二十八将之一。跟随刘秀取得天下的将领们在征战间隙，常常聚在一起聊天，话题无非是自述战功，胡吹乱侃。每当众将争功的时候，冯异总是一个人默默地躲到大树下面，于是，士兵们便给他起了个"大树将军"的雅号。后常指不居功自傲的将领。②千秋，即车千秋，本姓田，西汉时期重臣，官至丞相。田千秋辅佐汉昭帝时，继续担任丞相，一共做了十二年，老死在任期上。因为他年老，昭帝善待他，朝见的时候允许他坐小车进宫殿，所以被称做"车丞相"，最后连名字都被人称做是"车千秋"。③韩信，西汉开国功臣、军事家，兵家四圣之一，汉初三杰之一。韩信年轻时在河边钓鱼，因为钓不到鱼而饿肚子，一个漂洗丝絮的老大娘见他可怜，经常把自己的饭分一半给他吃。韩信说以后有发达之日必定感谢她，可是她生气地说："大丈夫不能自己维持生活，我是可怜你才给你饭吃的，哪里指望回报？"韩信后来成为楚王，特地找到当年的漂絮大娘，送给她一千金酬谢。④孙钟，东汉时期人物，东吴孙坚的父亲。孙钟以种瓜为业，有一次三位少年路过，因为口渴而问孙钟要瓜吃，孙钟请他们吃了瓜还吃了饭。为了答谢，他们询问孙钟是愿世代为侯，还是做数代皇帝，孙钟回答做皇帝，少年们指示他向山下走一百步不要回头，然而孙钟走到六十步就回头，发现三名少年已化成仙鹤飞走。后来孙钟双亲的墓上常有紫气升起，当地人都说孙氏要兴旺了。果然孙钟的儿子孙坚、长孙孙策在江东奠定了基业，孙子孙权、曾孙孙亮、孙休和玄孙孙皓成为雄据一方的东吴皇帝。

壶公谪天[①]，蓟训历家[②]。

刘玄刮席[③]，晋惠闻蟆[④]。

【注释】①费长房，东汉时期方士。费长房曾任管理市场的官员，一天在楼上看见一个老翁在市场上卖药，在店前悬挂一只壶，散市时老翁跳入壶中就不见了。后来费长房结识了老翁，老翁请他一起入壶中，看到楼宇壮丽，有美酒佳肴，共饮之后同出壶外。老翁对他说："我本来是神仙，因犯错被罚，现在可以回去了，你要跟随吗？"费长房就跟随老翁入山学道了。 ②蓟训，即蓟子训，东汉时期名士，善于宣扬自己有道术，当时许多人对他的道术深信不已。蓟子训曾和二十三户人家约定了同一天拜访，第二天，二十三家每家都来了一位蓟子训，每家都说蓟子训先到自己家，第二天他们互相问蓟子训什么时候登的门，这才知道二十三家同时来了个蓟子训，服饰相貌一点也不差，只是说的话随着主人的问答而不相同，在洛阳传开后大家都惊叹蓟子训的分身实在了不起。 ③刘玄，汉朝更始帝，东汉光武帝刘秀族兄，为人懦弱无能。王莽被杀后，只有未央宫被烧毁，其他宫殿都没受到影响，所有朝廷用具和宫人还和以前一样，更始帝到长安后，登上前殿，郎官依次排列在庭中。更始帝很羞愧，低着头刮坐席，不敢仰视。更始帝问后来的将领抢到多少东西，左右的侍从都长期在皇宫中，听到这话后个个惊讶相视。 ④晋惠，指晋惠帝，即司马衷，字正度，西晋王朝第二位皇帝，智商低下不能认事。有一年夏天，司马衷与随从到花园里玩，在池塘边听到里面传出青蛙叫声，司马衷觉得很奇怪，于是便问随从这些乱叫的青蛙，是为官家叫还是为私人叫？随从就说："在官家里叫的，就是官家的；如果在私家里叫的，就是私人的。"

伊籍一拜①，郦生长揖②。
马安四至③，应璩三入④。

【注释】①伊籍，字机伯，三国时期蜀汉官员。刘备派伊籍出使东吴，孙权听说伊籍很有辩才，想用言辞挫败他。伊籍刚进殿行礼，孙权对他说："你侍奉没有道义的君主很辛苦吧。"伊籍当即回答："一拜一起，谈不上什么辛苦。"（言下之意讽刺孙权是没有道义的君主）伊籍的随机应变让孙权十分惊异。 ②郦生，即郦食其，字食其，楚汉时期刘邦部下，历史上著名说客。郦食其投靠刘邦时，刘邦正坐在床边伸着两腿让两个女人洗脚，于是郦食其只是作个长揖而没有倾身下拜，并讽刺刘邦以傲慢轻视的态度来见自己，刘邦立刻停止了洗脚，穿整齐衣裳，把郦食其请到了上宾的座位，并向他道歉。 ③马安，即汲黯的外甥司马安，年轻时和汲黯都担任过太子洗马，司马安很善于官场交际，因此官运亨通，四次被任命为九卿（中央政府九个高级官员）。后作为官场顺利，官运亨通的典故。 ④应璩，字休琏，三国时期曹魏文学家。大将军曹爽擅权，举措失当，应璩曾作《百一诗》讽劝，诗中以"有人"问的方式写"问我何功德，三入承明庐"，应璩曾先后三次入朝任侍郎、常侍、侍中，所以有"三入"的说法。后作为进入朝廷担任近臣的典故。

郭解借交^①，朱家脱急^②。
虞延克期^③，盛吉垂泣^④。

【注释】①郭解,字翁伯,西汉时期游侠。郭解小时候残忍狠毒,亲手杀的人很多。他不惜牺牲自己生命去替朋友报仇,藏匿亡命徒去抢劫犯法,停下来就私铸钱币,盗挖坟墓,他的不法活动数也数不清,但却能遇到上天保佑,在危急时常常脱身,或者遇到大赦。 ②朱家,秦汉之际游侠。朱家以侠义闻名,专爱帮人解决危急的事情,比自己的私事还重要,所以人们都愿意和他结交。 ③虞延,字子大,东汉时期贤臣。虞延担任细阳县令时,每年到岁时节令,他便让刑徒囚犯休假回家,这些人感动他的恩德,到了约定的日期就回来。 ④盛吉,字君达,东汉时期官员,官至廷尉。盛吉生性仁厚,每年冬至月,罪犯要定处决日期的时候,盛吉的妻子就拿着蜡烛,他拿着红笔,两个人相对着哭泣。

豫让吞炭[1]，钼麑触槐[2]。

阮孚蜡屐[3]，祖约好财[4]。

【注释】①豫让，春秋战国时期晋国智伯的家臣。智伯被赵襄子联合韩、魏两家消灭，豫让逃入山中，他为了替智伯报仇，把漆涂在身上，让皮肤烂得像生疮，吞下炭火让声音变成嘶哑，为了让人认不出他的本来面目而乔装打扮，沿街讨饭，以便接近仇人。终因报仇未果，自杀。 ②钼麑，春秋时期晋国著名的大力士。晋灵公派钼麑刺杀大夫赵盾，他清晨到赵府，见赵盾已穿好朝服，正闭目养神等待去上朝，嘴里还喃喃念着劝君的话，他就退出来，说："在家也不忘恭敬，这是百姓的好官员，杀这样的人是对国不忠，但不执行君主的命令是不讲信义，进退两难，不如死了。"便用头撞到赵府门前的槐树上死了。 ③阮孚，字遥集，晋朝时期官员，"竹林七贤"阮咸之子。 ④祖约，字士少，东晋时期将领，祖逖胞弟。阮孚爱好收集木屐，祖约好聚敛钱财，两人都尽心从事自己的爱好。当时人崇尚老庄学说，主张旷达无为，这两人的癖好被认为是牵累，但还分不出高低。有人为此去祖约家看看，见到祖约正在清理财物，因为有客人便匆忙收拾遮掩。有人去阮孚家观察，见到阮孚正在给木屐吹火上蜡，自言自语感叹说："不知一生能穿多少双木屐。"神态自若。于是就分出他们的旷达的高低了。这也是成语祖财阮屐的出处。

初平起石[1]，左慈掷杯[2]。
武陵桃源[3]，刘阮天台[4]。

【注释】①初平，即黄大仙，本名为黄初平，东晋时期人物，著名道教神仙。黄初平少年时在金华山放羊，十五岁得道士指引，到赤松山金华洞内石室修仙。哥哥黄初起四出寻找，都没有结果。四十多年后在一位善卜的道士指示下，在金华洞内找到黄初平。初起追问当年羊群下落，初平就叫他往东面的山头处找。初起四处找不到羊，初平就走到山头大声呼唤。眼前的白石竟然应声昂首而起变成羊群。初起因此也起了修道之心，于是辞别亲人，与初平一起修炼去了。②左慈，字元放，道号乌角先生，东汉末年著名方士。左慈有仙术，他在曹操举行的一次宴席上，以道簪画了一下酒杯，酒杯就分成了两半，两半中都有酒。左慈先喝了一半，把另一半杯子给了曹操。曹操没有马上喝，左慈就向曹操要过来自己都喝了。喝完把杯子往房梁上一扔，杯子在房梁上悬空摇动，像一只鸟将向地上俯冲前的姿势，宴席上的客人都抬头看那酒杯，好半天杯子才落下来，但左慈也不见了。一打听才知道左慈已回了他自己的住处。 ③陶潜《桃花源记》说道，东晋太元年间，武陵有一个捕鱼人，无意中发现一块与世隔绝的乐土桃花源，里面住着避秦时乱而迁入其中的居民，数代相传，生活富裕安定，不知外界朝代的更替。捕鱼人在桃花源中受到了热情的款待，数日后告辞回来。后来重新按着标记找时，桃花源已找不见了。 ④刘义庆《幽明录》说道，东汉永平五年，刘晨、阮肇入天台山，迷路不得归，后遇见两位仙女，遂成就一段美好姻缘，半年后求归下山，至家中方知已过七世。后以此典指男女间爱恋情事；以"刘郎""阮郎"等指女子的心上人。

王俭坠车①，褚渊落水②。
季伦锦障③，春申珠履④。

【注释】①王俭，字仲宝，南齐名臣、文学家、目录学家。②褚渊，字彦回，南朝宋、齐宰相、外戚、南齐开国元勋。褚渊和王俭送湘州刺史王僧虔，栈道坏了，褚渊跌落水中，王俭惊怕，从车上跳下来。在旁的谢超宗拍手大笑说："落水三公，坠车仆射。"（当时褚渊任司徒，三公之一，王俭任仆射）褚渊爬上来后湿淋淋的，很狼狈。③季伦，即石崇，字季伦，西晋时期文学家、官员、富豪。石崇和晋武帝的舅舅王恺斗富：王恺造了一个四十里长的紫丝布屏障，石崇则造了一个五十里长的锦丝屏障，王恺斗败了。④春申，即黄歇，封为春申君，战国时期楚国大臣，曾任楚相，战国四公子之一。赵国平原君派使臣到春申君这里来访问，春申君把他们一行安排在上等客馆住下。赵国使臣想向楚国夸耀赵国的富有，特意用玳瑁簪子绾插冠髻，亮出用珠玉装饰的剑鞘，请求招来春申君的宾客会面。春申君的上等宾客都穿着宝珠做的鞋子来见赵国使臣，使赵国使臣自惭形秽。

甄后出拜①，刘桢平视②。
胡嫔争㧝③，晋武伤指④。

【注释】　①甄后，文昭甄皇后，名不明，史称甄夫人，魏文帝曹丕的妻子。②刘桢，字公干，东汉末年名士、诗人，"建安七子"之一。曹丕为太子时，曾经请诸位文学椽（属官名）宴饮，宾客都很开心。曹丕命夫人甄氏出来拜见宾客，坐中客人都低头伏在地上，只有刘桢不拜，反而平视甄夫人，曹操听说了这件事，便惩罚了刘桢，减去他的死刑发配去做苦力。　③胡嫔，胡芳，晋武帝贵嫔，性格率直，举止刚正大方，深得晋武帝的宠爱。　④晋武，司马炎，字安世，晋朝开国皇帝，谥号武皇帝。晋武帝曾经和胡芳玩一种名叫㧝摴的古代棋类游戏，在争夺箭的过程中，胡芳抓伤晋武帝的手指。晋武帝非常生气，讽刺胡芳行为粗暴，骂道："果然是武将家的孩子！"胡芳回答说："我父亲北伐公孙渊，西抗诸葛亮，我不是武将家的孩子，还能是什么孩子？"胡芳的这一番话说得晋武帝甚有惭色。因为胡芳的父亲胡奋，北伐公孙渊，西抗诸葛亮都是在晋武帝的祖父司马懿麾下任职，反讽晋武帝五十步笑百步，自己也是出身武将之家。

石庆数马[①]，孔光温树[②]。

翟汤隐操[③]，许询胜具[④]。

【注释】①石庆，西汉武帝时期丞相，石庆是万石君石奋的儿子，年少时便十分谨慎并且忠厚老实。石庆做太仆时，为皇帝驾车外出，皇帝问驾车的马有几匹，石庆用马鞭一一点数马匹后，才举手示意说："六匹。"石庆在石奋的几个儿子中算是最简略疏粗的了，然而依旧小心谨慎。 ②孔光，字子夏，西汉后期大臣，孔子的十四世孙。孔光放假回家休息时，与兄弟、妻子儿女们说家常话时，从来不提朝廷政事。有人问孔光："长乐宫温室殿的树，都是一些什么树啊？"孔光只是嘿嘿一笑，并不回答，然后用别的话岔开去。孔光就是如此的不泄露朝廷政事。 ③翟汤，字道渊，西晋时期隐士。翟汤品行廉洁，不理世事，自耕自给。永嘉末年天下混乱，但盗贼听说他的名声和德行都不来骚扰他居住的地方，乡邻依赖他而得过平安日子，官府多次征召他都不接受。 ④许询，字玄度，东晋时期文学家，玄言诗的代表人物。许询有文才，能诗文，性情高逸，爱好游山玩水。他身体强健，具备登临览胜的条件。当时人说："许非徒有胜情，有济胜之具。"（许询并不是只有览胜的情怀，还有登临胜景的条件。）

优旃滑稽①,落下历数②。

曼容自免③,子平毕娶④。

【注释】 ①优旃,秦朝时期歌舞艺人,个子非常矮小,擅长说笑话,但都合乎大道理。秦始皇曾经计议要扩大射猎的区域,东到函谷关,西到雍县和陈仓。优旃说:"好。多养些禽兽在里面,敌人从东边来侵犯,让麋鹿用角去抵触他们就足以应付。"秦始皇听到这话,于是就停止扩大猎场的计划。秦二世即位后,想用漆涂饰城墙,优旃说:"好,漆城墙虽给百姓带来愁苦和耗费,可是很美呀!城墙漆得漂漂亮亮的,敌人来犯也爬不上来。要想快办此事涂漆倒是很容易的,但是难办的是要找一所用来阴干的大房子。"于是秦二世笑了起来,因而取消这个计划。 ②落下,即落下闳,字长公,西汉时期天文学家,他创制《太初历》,深远地影响了中国历法结构;提出浑天说,创新中国古代"宇宙起源"学说;发明"通其率",影响中国天文数学2000年。落下闳醉心于天象观察,在家乡小有名气,经推荐被汉武帝征召入京,与当时的官家天文学家唐都、邓平一起研制历法,此历被汉武帝采用,于"太初元年"颁行,故称其为"太初历"。 ③曼容,即邴丹,字曼容,西汉时期官员。邴丹修身养性,不肯任俸禄超过六百石的官职,一旦超过就辞官而去。 ④子平,即向长,字子平,西汉、新朝、东汉交替之际隐士,为汉朝道家易的代表人物之一。建武年间,向长的儿子、女儿娶嫁之事办完,他便与家室断绝关系,说:"就当作我死了吧。"于是就随意行动,与好友北海禽庆一道游五岳名山,最后不知所终。

师旷清耳[1]，离娄明目[2]。
仲文照镜[3]，临江折轴[4]。

【注释】 [1]师旷，字子野，春秋时期著名乐师、道家。师旷极善辨音律。晋平公铸一口大钟，使众乐师听，乐师们说音律协调了，而师旷说不协调，平公又另铸一口，铸成之后对师旷说："乐师们都说音律协调了。"师旷说："后世有知音律的人，会说不协调，我真为您感到耻辱。"到卫灵公时乐师师涓果然辨出这口钟音律不协调。 [2]离娄，即离朱，上古时期传说人物。离朱有极好的视力，能在百步以外看见秋天野兽新长出的毛的末端。 [3]仲文，即殷仲文，字仲文，东晋时期官员、诗人。殷仲文还没死的时候，每次照镜子，经常看不见自己的脑袋。过了几天之后，殷仲文果然被刘裕所杀。 [4]临江，指临江闵王刘荣，汉景帝庶长子，母为栗姬。刘荣被揭发侵占了庙壖垣作为宫殿，景帝召见他，刘荣一行由江陵北门出发。上车后，车轴折断而车被废弃。时人以为是不祥之兆。刘荣入京后果然因事自杀。

栾巴噀酒^①，偃师舞木^②。
德润佣书^③，君平卖卜^④。

【注释】①栾巴，字叔元，东汉时期官员。栾巴有道术，元旦朝廷赏给群臣饮新年酒，栾巴举杯将酒含在嘴里，不吞下肚，却朝西南方向喷吐。殿上的纠察官弹劾他大不敬。皇帝下诏询问，栾巴叩头谢罪道："我的故乡成都失火，所以用酒化雨去救火，哪里作失礼的事！"皇帝便下诏差人到成都调查，成都方面回报："大年初一成都市上大火，烧到中午时，才有雨从东北来，熄灭了火，怪的是雨里还有一股酒气。" ②偃师，职业名，是《列子·汤问》中记载的一位工匠，善于制造能歌善舞的人偶。周穆王巡视时，经人推荐，偃师晋见穆王，献上一个木偶。这木偶动作像人，能歌善舞，穆王认为是真人，让姬妾一起观看。歌舞将要完时，木偶竟眨眼睛挑逗穆王的左右侍妾。穆王大怒，要杀偃师，偃师马上拆开木偶给穆王看：木偶是用木头拼连、漆画成的。 ③德润，即阚泽，字德润，三国时期吴国学者、官员。阚泽家中世代务农，但阚泽喜爱学习。因家里贫穷，便常为人雇佣抄书，以此换取纸笔。抄完书后，他就将那部书全部诵读完毕，后来他博览群书，并且通晓天算历法，由此声名显扬。 ④君平，即严君平，本名庄遵，字君平，西汉末年思想家、易学家，辞赋家扬雄师傅。严君平在成都摆摊给人卜筮，他认为卜筮虽然是低贱的行业，但是也能够对百姓有所帮助。人们来占卜时，他就根据卜筮结果联系各人实际情况而劝人向善。他每天占卜赚到一百钱够生活费就收摊。

shū bǎo yù rùn　　yàn fǔ bīng qīng
叔宝玉润①，彦辅冰清②。
wèi hòu fà zhěn　　fēi yàn tǐ qīng
卫后发鬒③，飞燕体轻④。

【注释】①叔宝，即卫玠，字叔宝，晋朝玄学家、官员，中国古代四大美男之一。②彦辅，即乐广，字彦辅，西晋时期名士，卫玠的岳父。卫玠年少时乘坐羊车到街市去，看到他的人都以为是玉人，人们都去观看他。王济是卫玠的舅舅，英俊豪爽有风度姿容，每次见到卫玠，就叹息说珠玉在身旁，就觉得自己形貌丑陋。又曾对别人说，与卫玠一同出游，就像有光亮的珠子在旁边，光彩照人。卫玠的岳父乐广全国闻名，评论的人认为"妇公冰清，女婿玉润。"（岳父像冰一般清明，女婿像玉一样光润。）③卫后，卫子夫，字子夫，汉武帝刘彻的第二任皇后，史称孝武卫皇后，是中国历史上第一位拥有独立谥号的皇后。卫子夫有一头乌黑靓丽的秀发，在帮汉武帝穿衣服的时候，武帝看到了她头发非常喜欢，因此被纳入后宫而宠幸。 ④飞燕，即赵飞燕，赵氏，号飞燕，独创"掌上舞""踽步"，是汉成帝刘骜第二任皇后。《飞燕外传》中记载赵飞燕家有彭祖方脉之书，擅长使用气术。长大后体态轻盈，举止优雅，所以人们叫她飞燕，她甚至能站在人的手掌之上扬袖飘舞，身轻如燕。现代多指动作轻盈。

玄石沉湎①，刘伶解酲②。
赵胜谢躄③，楚庄绝缨④。

【注释】 ①玄石，指刘玄石。张华《博物志》记载：以前刘玄石在中山酒家买酒，酒家卖给他"千日酒"，忘了告诉他该饮多少合量。他回到家就醉倒了。家人不懂得他喝的是千日酒，以为是死了，就埋葬了。酒家在千日后，想起玄石千日前饮酒醉，该醒了，于是去玄石家探望。玄后家人说，玄石已死三年了。酒家让人打开棺材，正好见到玄石醒了。因而有俗语说："玄石饮酒，一醉千日。" ②刘伶，字伯伦，魏晋时期名士，"竹林七贤"之一。刘伶以喝酒著名。一次刘伶醉后口渴，问妻子要酒解渴。妻子指着被她毁坏的酒器说："你喝酒太过分了，不合养生之道，应该戒掉。"刘伶说："好啊。但是我不能自己禁止自己，要祝告鬼神来帮助才行，你准备酒肉吧！"妻子真的拿来酒肉。刘伶下跪祷告说："天生刘伶，以酒为名，一饮一斛，五斗解酲。妇人之言，慎不可听。"说完便饮酒吃肉，大醉倒下。 ③赵胜，即平原君，战国四公子之一，赵国贵族，因贤能而闻名。赵胜有数千门客。他家的高楼前是普通民房，民房中有一个跛足人打水，被楼上的美人看见大笑。第二日，跛足人来对平原君说："有才之人不远千里而来投奔您，是因为您看重他们而不是看重妻妾。我不幸身残，而您的美妾却笑我。我希望得到笑我的那个人的头。"赵胜笑着说："可以。"但是过后并没有杀美妾。一年多后，大半的门客逐渐离去。赵胜觉得奇怪，门客说："您不杀笑话跛足人的那个美妾，士人们认为您爱色而不看重士，所以就走了。"赵胜便将那美人杀了，捧着她的头到跛足人家道歉。过后，门客又增多了。 ④楚庄，楚庄王熊旅，芈姓，熊氏，名旅，春秋时期楚国国君，春秋五霸之一。楚庄王设宴招待群臣，天黑后突然灯火熄灭，有人趁机拉扯庄王美妾的衣服，美妾将他的帽带子扯断，然后告诉庄王，叫赶快拿火把来，看谁的帽带断了。庄王说："请人家喝酒，人家醉后失礼。我难道为了显示女人的贞节而羞辱臣下吗？"于是宣布说："今日大家和我饮酒，不扯断帽带的人不算开心饮酒。"等到都扯断帽带，又点来火把，继续饮酒，尽欢而散。后来那个失礼的人在战场上奋力立功，报效庄王的恩义。

恶来多力①，飞廉善走②。
赵孟疵面③，田骈天口④。

【注释】①恶来，嬴姓，蜚廉（飞廉）的长子，恶来以勇力而闻名，是商纣王宠信的大臣。　②飞廉，即蜚廉，也作飞廉，黄帝孙子颛顼的后裔，恶来的父亲，是商纣王的大臣，秦国和赵国的祖先。恶来很有力气，他的父亲飞廉善于奔跑，父子同替纣王做坏事，飞廉善于谄媚，被称为谄臣。恶来也善于谗害忠臣。父子在周武王伐纣时都被杀。　③赵孟，字长舒，善于清谈，有国士的风范。赵孟面有疵点，时人称他为"疵面"，有事都愿意向他请教，遇事不决，便说"当问疵面"。　④田骈，战国时期思想家、教育家，先秦天下十豪之一，是稷下学官中最具有影响的学者之一。田骈喜欢高谈阔论，因为他一开口就滔滔不绝，人们都说他话说不完，就像替天在说话一样，所以齐国人称他为"天口"。

张凭理窟①，裴頠谈薮②。

仲宣独步③，子建八斗④。

【注释】①张凭，字长宗，晋朝时期官员。张凭有超人的辩才，他成名前去拜访著名人物刘惔，和刘惔谈得很投机，谈了一整天，刘惔很欣赏他的辩才，推荐给简文帝。简文帝和他谈论之后，赞叹说："张凭词采缤纷又富于义理，堪称理窟。"（理窟：义理的渊薮，比喻富于才学。）②裴頠，字逸民，西晋大臣、哲学家。乐广和裴頠清谈，本想用义理折服他，但是他的言辞丰富、义理广博，难不倒他，只好笑着听他论说。当时人称裴頠是清谈的"林薮"，意思是清谈言论聚集的处所。③仲宣，即王粲，字仲宣，东汉末年文学家、官员，"建安七子"之一。王粲为曹操所用，曹植写信给杨修品评王粲说道："昔仲宣（王粲）独步于汉南，孔璋鹰扬于河朔，伟长擅名于青土……"意思是王粲的才学在汉南是无人可比的。④子建，即曹植，字子建，曹操与卞皇后所生第三子，生前曾为陈王，去世后谥号"思"，因此又称陈思王，三国时期著名文学家，建安文学代表人物之一与集大成者。他在两晋南北朝时期，被推崇到文章典范的地位，南朝宋文学家谢灵运有"天下才有一石，曹子建独占八斗"的评价。

guǎng hàn gōu jù　　hóng yáng xīn jì
广汉钩距①，弘羊心计②。
wèi qīng bài mù　　qù bìng cí dì
卫青拜幕③，去病辞第④。

【注释】①广汉，即赵广汉，字子都，西汉时期官员。赵广汉善于学习和思考，精通"钩距"，所谓钩距，其实是一种数学推理，比如要了解马的价格，就先问狗的价格，再问羊的，再问牛的，再问到马，然后参照彼此的价格，比较验算，来推测核准，这样就可知道马价的贵或贱而不会失实了（成语"问牛知马"就源自于此）。赵广汉善于运用钩距法寻找线索，得以查清事情真相。②弘羊，即桑弘羊，西汉时期政治家、理财专家。桑弘羊出生于洛阳的富商家庭，少年时期就能帮助家庭进行一些理财活动。汉景帝末年，年仅十三岁的桑弘羊以"精于心算"名闻洛阳，后来被朝廷选召入宫任侍中，桑弘羊由此踏上了仕途。③卫青，本姓郑，冒用母姓卫，字仲卿，汉朝著名的将领、军事家，伟大的民族英雄。④去病，即霍去病，西汉中期名将、军事家、外戚，封冠军侯，汉武帝皇后卫子夫以及名将卫青的外甥，权臣霍光同父异母兄长。卫青带领三万骑兵进攻匈奴，取得巨大的胜利，班师回来的路上，在幕（军营）中接受武帝的使者拜封为大将军。霍去病随卫青征匈奴有功，武帝为霍去病建造府第，霍去病却断然拒绝说："匈奴不灭，无以家为也。"没有接受府第。

郦寄卖友①，纪信诈帝②。
济叔不痴③，周兄无慧④。

【注释】①郦寄，字况，汉初大臣郦商之子。西汉诸吕专权，吕后死后，太尉周勃，丞相陈平等谋灭诸吕。因兵权在吕禄的手中，所以设计先除掉吕禄。郦寄是吕禄的好朋友，周勃将郦寄的父亲抓为人质，逼郦寄骗吕禄出军营，周勃夺得兵权，诸吕即被扫除，当时人说郦寄出卖了朋友。 ②纪信，汉朝将军，曾参与鸿门宴，随刘邦起兵抗秦。楚汉相争时，在荥阳之战中刘邦被项羽围困。在危急的情况下，将军纪信设计诱骗楚军。当天晚上，开东门放出二千多个女子，楚军看见，纷纷来攻击。接着，纪信乘坐汉王的车辆，打着汉王的黄旗走向楚军，对楚兵说："城中粮食断绝，汉王向楚投降。"楚兵欢呼万岁，都聚集于东城。刘邦趁机带数十随从骑马由西门逃命。项羽见到纪信，知道受骗，就将纪信烧死。 ③济叔，王济的叔叔王湛，王湛，字处冲，西晋初年官员。王济，字武子，西晋初年外戚、官员。王湛话很少，很有才华但是不显不露，所以大家都不知道，他的亲戚朋友都认为他是个痴呆儿。晋武帝每次见到王济，总是拿他的叔叔王湛来开玩笑，说道："你家的傻子叔叔死了没有？"王济常常没话回答。后来发现了王湛才能，晋武帝又像以前那样问他，王济就说："我叔叔不傻。"并且称赞王湛美好的素质。武帝问道："可以和谁相比？"王济说："在山涛之下，魏舒之上。"于是王湛的名声就传扬开来。 ④周兄，即周子的哥哥，周子即春秋时期晋国国君晋悼公，名周。晋厉公在被谋杀以后，晋国众大臣前往周王室迎接周子（就是晋悼公）回国为君。晋悼公还有一个哥哥，按照制度本来应该是由晋悼公的哥哥即位的，但是晋悼公的哥哥智力低下，连豆子和麦子都分不清，所以没有被立为国君。

虞卿担簦[1]，苏章负笈[2]。

南风掷孕[3]，商受斮涉[4]。

【注释】①虞卿，名信，卿是他的官职，舜帝后代，卿姓的得姓始祖，战国时期名士。虞卿脚蹬草鞋，肩挂雨伞，远道而来游说赵孝成王。第一次拜见赵孝成王，赵孝成王便赐给他黄金百镒，白璧一对；第二次拜见赵孝成王，就担任了赵国的上卿，所以称他为虞卿。 ②苏章，字游卿，西汉时期儒生。王莽篡权时，苏章的老师离开京城，苏章背着书箱不远千里追寻老师。 ③南风，即贾南风，字南风，西晋太宰贾充之女，晋惠帝司马衷皇后。贾南风长得矮小黑丑，又妒忌奸诈，手段残忍，看见其他妃嫔有孕，竟然以戟打她们的腹部，令她们流产。 ④商受，即帝辛，子姓，名受，商朝末代君主，世称"纣""商纣王"。商受在冬天早晨见有人涉水，就说这个人是因为骨髓特别所以能耐寒，于是把他抓来砍下小腿看看骨髓来验证判断是否准确。

广德从桥①，君章拒猎②。
应奉五行③，安世三箧④。

【注释】①广德，即薛广德，字长卿，西汉时期著名的经学家。有一次汉元帝准备去宗庙祭祀，他打算乘楼船出游。薛广德认为应当乘车马，于是他脱下帽子磕头进谏道："皇上应该从桥上前往。"汉元帝说："你先戴上帽子吧。"薛广德说："如果不听取意见，我就当场自刎，用血溅污车轮，让陛下不能够进入宗庙！"汉元帝很不高兴，一旁的张猛打圆场说："君主圣明臣下就正直，走水路危险，走陆路安全，圣明的君主不可以冒险行事。皇上还是听从御史大夫的建议吧。"汉元帝想到薛广德为人耿直，对朝廷忠心，于是最后还是乘车马去祭祀了。 ②君章，即郅恽，字君章，东汉时期官员。光武帝刘秀时，郅恽被封为看守城门的小官。一次，刘秀外出打猎，回来很晚，郅恽不听诏令，闭守城门不开。刘秀只能从别的门入城。第二天，郅恽上书刘秀说："从前文王不敢玩乐游猎，处处想着百姓，而陛下打猎却夜以继日，对江山社稷会产生什么影响呢？如果陛下不能以此为戒，实在是令臣下担忧。"刘秀肯定了郅恽敢于直言进谏的行为，不再让郅恽看守城门，而是让他教太子读书。 ③应奉，字世叔，东汉时期官员。他从小时候记忆力特强，读书"五行并下"（五行文字一起看，看书速度极快），记事处人，过目不忘。从小到大，凡他经历过的事，都能记忆犹新。 ④安世，即张安世，字子儒，西汉时期官员，酷吏张汤之子，麒麟阁十一功臣之一。汉武帝曾经丢失三箱书，下诏询问，没有人知道，只有张安世记住了那些书的内容，把书中的内容详备地写出来。后来悬赏征求找到了那些书，用来校对后发现没有什么遗漏的。

相如题柱[1]，终军弃繻[2]。
孙晨藁席[3]，原宪桑枢[4]。

【注释】①相如，即司马相如，字长卿，西汉辞赋家，中国文化史文学史上杰出代表，有明显的道家思想与神仙色彩。司马相如初到长安，经过城北十里外的升仙桥，在桥柱上题字："不乘高车驷马，不过汝下也。"（不乘四匹高头大马拉的官车，就不再从此桥过，表示一定要功成名就、志在必得）后来司马相如成为汉武帝宠信的文学侍从。 ②终军，字子云，西汉时期著名的政治家、外交家。终军十八岁时被举荐为博士弟子，赴长安。过函谷关时，守关的小官交给他一件帛制的"繻"。终军刚开始不知道是什么，当得知是一个返回过关的凭证时，直接扔到地上地，自信地说："大丈夫西游，终不复还。"守关小官很吃惊。到长安后，终军任谒者，奉命巡视东方，他手持朝廷符节，骑着高头大马，再过函谷关，守关小官认出他就是之前弃繻的青年，叹服其志远才高。 ③孙晨，字符公，汉代时期官员。孙晨家中贫穷，他以织席子为职业谋生。由于对《诗》、《书》经典学有所成，得任为京兆功曹。但是尽管有了职位，他仍是过贫民的生活，冬天没有被子，只有一捆干草，晚上睡觉用干草垫盖，早晨又收起来。 ④原宪，字子思，春秋末年宋国商丘人，孔子弟子，孔门七十二贤之一。原宪居住在鲁国时，室内空无一物，房顶用茅草覆盖，门用蓬草编扎而成，门枢是用不直的桑木搭建，窗户是用破瓮做的，上面漏下面湿，生活极为清苦。原宪却不以为然，整天端坐里面，兴致勃勃地弹琴歌唱，安贫乐道，不肯与世俗合流。

端木辞金①，钟离委珠②。
季札挂剑③，徐稚致刍④。

【注释】 ①端木，即端木赐，复姓端木，字子贡。儒商鼻祖，春秋末年卫国人。孔子的得意门生，儒客杰出代表，孔门十哲之一，孔门七十二贤之一。鲁国法律规定，鲁国人在国外沦为奴隶，有人能把他们赎出来的，可以到国库中报销赎金。孔子的弟子子贡（端木赐）在国外赎了一个鲁国人，回国后拒绝收下国家赔偿金。孔子说认为这不是好办法，子贡如果收回国家补偿金，并不会损害自己的行为价值，但如果不收，别人就不肯再为沦为奴隶的鲁国同胞赎身了。　②钟离，即钟离意，字子阿，东汉时期官员。钟离意任尚书时，当时的交阯太守张恢因贪污千金被处死，家庭财产都被充公，皇帝下令将赃款赐给群臣。钟离意分得珠宝，全部放在地上，皇帝感到奇怪并询问原因，钟离意回答说："我听说孔子忍住饥渴而不喝盗泉之水，是厌恶它的坏名声。这些不干净的赃款，确实不敢接受。"皇帝叹息说："太清廉了！"于是改用府库里的三十万钱赐予钟离意。　③季札，姬姓，名札，春秋时期政治家、外交家、文艺评论家。季札出使途经徐国时，徐国的国君非常羡慕他佩带的宝剑，但不好意思相要，季札因为自己还要遍访列国不能没有佩剑，就没有送给他。等到出使归来再经徐国时，徐君已死，季札解下佩剑挂在徐君墓旁的松树上，侍从不解，他说："我内心早已答应把宝剑送给徐君，难道能因徐君死了就可以违背我的心愿吗？"　④徐稚，即徐穉，字孺子，东汉时期名士，世称"南州高士"。屡次被朝廷及地方征召，终未出仕。名士郭泰的母亲去世，徐穉前往吊祭，在墓前放生刍（一种鲜草）一束后离开。众人奇怪，不知道其中缘故。郭泰说："这一定是南州高士徐孺子。《诗》不是说过：'生刍一束，其人如玉。'但是我没有德行承受啊。"

朱云折槛①，申屠断鞅②。
卫玠羊车③，王恭鹤氅④。

【注释】①朱云，字游，西汉时期官员，为人任侠义气。汉成帝时，朱云上书指斥当朝大臣都是尸位素餐，做官白吃饭的人，请求成帝赐给他尚方宝剑来杀奸臣，以警告其他大臣。成帝问他要斩哪一个？他说是张禹。张禹原是成帝的老师，很受敬重。成帝大怒，宣布他死罪。御史便将他拿下，他挣扎，把殿上的栏杆都拉折了。左将军辛庆忌以死保他，他才得免死刑。后来要修栏杆时，成帝叫不要更换，用来表彰忠直的官员。②申屠，即申屠刚，字巨卿，东汉时期官员。东汉光武帝时，申屠刚任尚书令。光武帝曾想去游猎，申屠刚说："陇、蜀两地未平定，皇上不宜单享安乐贪游玩。"光武帝不听从，申屠刚就躺倒用头顶住车轮，光武帝只好中止出游。③卫玠，字叔宝，晋朝玄学家、官员，中国古代四大美男之一。卫玠容貌俊美，年少时乘坐羊车到街市去，看到他的人都以为是玉人。④王恭，字孝伯，东晋时期外戚、官员。王恭年青时以长相仪表潇洒俊美著名，有一次他披鹤氅在雪地上行走，当时下着零星小雪，名臣孟昶在竹篱后偷着看他，赞叹说："真是神仙一样的人啊！"

管仲随马①，仓舒称象②。
丁兰刻木③，伯瑜泣杖④。

【注释】①管仲，姬姓，管氏，名夷吾，字仲，中国古代著名的经济学家、哲学家、政治家、军事家，春秋时期法家代表人物。管仲随桓公讨伐孤竹国，回来时在沙漠中迷了路，管仲说："老马识途，燕马多从漠北而来，也许熟悉此地，不妨令人挑选数匹老马放行，或许可以寻见出路。"齐桓公便找来几匹老马，将缰绳放开，让它自由行走，跟着它最终找到了路。 ②仓舒，即曹冲，字仓舒，东汉末年人物，曹操和环夫人之子。从小聪明仁爱，与众不同，深受曹操喜爱。当时孙权送来一只大象，曹操想知道象的重量，群臣都不能拿出办法。曹冲说："把象放船上，刻下水位线，再把物品装在船上直到相同水位线，再称物品重量就可以知道了。"曹操十分高兴，马上施行了这个办法，果然知道了大象的重量。后有"曹冲称象"的典故。 ③丁兰，汉朝时期人物，《二十四孝》人物之一。丁兰很孝敬母亲，母亲去世后，他按母亲的形象刻了一个木人，当做活的母亲来孝敬。邻居张叔酒醉后骂那木人，用棍敲打木人的头。丁兰从外回来发现很气愤，就把张叔打死了。官府派人来抓丁兰，丁兰向木人辞别，木人流下眼泪。 ④伯瑜，即韩伯瑜，汉朝时期人物。韩伯瑜天性孝顺，母亲教育严格，每次有小过错，就用手杖打他，伯瑜跪着受杖没有什么怨恨。一天，母亲又用手杖打他，伯瑜大哭。母亲惊讶的问："往日用杖打你，总是心悦诚服的接受，从来不哭。今天用杖打你，为什么哭了？"伯瑜说："以往儿子犯了过失，挨打感到疼痛，知道母亲很健康。今天母亲打的力量，我不觉得疼，知道母亲体力已经衰退了，担心以后的时间不多了，所以悲伤哭泣啊！"

陈逵豪爽①，田方简傲②。
黄向访主③，陈寔遗盗④。

【注释】①陈逵，字林道，东晋时期官员，三国名士陈群后裔。陈逵在淮南的时候，他建康的朋友邀约到位于当涂的牛渚山聚会，由于陈逵谈论事理非常精妙，众人争着想和他辩论。哪知陈逵用如意撑着面颊，眺望着远处鸡笼山的三国古战场只感叹地说了一句："孙伯符（即孙策）的志向和事业都没达成啊！"于是满座的人都谈不下去了。《世说新语》将这故事写入《豪爽篇》。 ②田方，即田子方，姓田，名无择，字子方，儒家学者，战国时期魏国人，孔子学生子贡学生。魏国攻灭中山国，魏文侯派公子击镇守中山，公子击在朝歌遇见魏文侯的老师田子方，下车拜见他，田子方不还礼，公子击便问他："是富贵的人待人傲慢呢？还是贫贱的人待人傲慢呢？"田子方说："只有贫贱的人才能待人傲慢，诸侯待人傲慢就会丧失国家，大夫待人傲慢就会丧失封邑。贫贱的人，无家无业，四海飘泊，言语不见用，处境不合心，就可一走了之，像脱鞋一样，贫贱的人难道还怕失去贫贱不成？"太子击一下豁然开朗，再次恭敬的行礼离开了。 ③黄向，字文章，东汉时期官员。黄向生性廉洁，曾在路上拾到一袋金，价值两百余万，便寻找失主，最终交还。 ④陈寔，字仲躬，东汉时期官员、名士。有个小偷晚上躲在陈寔家的屋梁上面，想趁机偷窃。陈寔知道屋梁上面有人，并未喊人捉拿他，而是把子孙们叫到面前训示："今后每个人都应该要努力上进，不要走上邪路，做'梁上君子'。做坏事的人并不是生来就坏，只是平常不学好，慢慢养成了坏习惯。本来也可以是正人君子的却变成了小人，不要学梁上君子的行为！"小偷又感动又惭愧，于是下地叩头请罪。陈寔勉励他改恶向善，并送给他丝绢布匹。后常以"陈寔遗盗"比喻行善举，"梁上君子"也成了小偷的代名词和雅号。

庞俭凿井^①，阴方祀灶^②。
韩寿窃香^③，王濛市帽^④。

【注释】①庞俭，三国时期魏国人。庞俭少年时父亲失踪，后来随母亲在庐里居住，凿水井时得到千万余的铜钱，于是置家产，买奴仆。买到一个老奴仆，数日后老奴仆说堂上女主人是他的妻子。庞俭母亲和他对话，验看身上的特殊标志，发现确实是庞俭的父亲。当时人说："庐里庞公，凿井得铜，买奴得翁。"②阴方，即阴子方，西汉时期人物。阴子方生性孝顺，乐善好施，喜欢祭祀灶神。有一次在腊日（腊月八日）早上做饭时，他见到灶神现形出来，就礼拜灶神并杀黄羊祭祀，从此就富起来了。他常说子孙必定昌盛显贵，到第三代的时候果真如他所言。③韩寿，字德真，西晋时期官员。韩寿相貌仪态英俊出众，司空贾充的女儿贾午和韩寿偷偷相爱，每夜韩寿爬墙进她的闺房，他们的私情一直没有被发现。后来贾午送给韩寿一种奇异的香料，这香是西域进贡的，人接触它一个月后还有香气。晋武帝只赐给贾充和大司马陈骞。韩寿得到这种香被同僚们发现，就告诉贾充，贾充便知道女儿与韩寿相好，于是就让他们公开成婚。④王濛，字仲祖，小字阿奴，东晋时期名士、外戚、官员。王濛容貌出众，他有一次帽子破了，自己到市场上去买，卖帽子的妇人很喜欢他的美貌，竟白送他一顶新帽子。

勾践投醪①，陆抗尝药②。
孔愉放龟③，张颢堕鹊④。

【注释】①勾践，本名鸠浅，春秋时期越国君主，春秋五霸之一。越王勾践为了进攻吴国，励精图治，和士兵同甘共苦，调动国民同心协力建设国家。出发攻打吴国时，百姓献酒犒赏三军，但酒不够分，他就将酒倒进江中，然后让士兵们在下游舀水饮，于是军队士气大增，一举灭吴。 ②陆抗，字幼节，三国时期吴国名将，吴国丞相陆逊次子。陆抗领兵长期和西晋将军羊祜相对峙，但两人都互相敬重，信任对方人格。陆抗曾经送酒给羊祜，羊祜并不疑心，直接喝了。陆抗生病，羊祜送药给他，他也并不怀疑直接服下。 ③孔愉，字敬康，东晋时期名臣。孔愉曾经路过余不亭，看见有人在路边用笼子捉龟，孔愉把被捉的龟买下来放入溪水中，龟游到溪水中向左看了好几次。到孔愉受封余不亭侯要铸侯印时，龟形印纽向左偏，连铸几次都是这样。铸印的工匠把这件事告诉孔愉，孔愉想到了放龟的事，就佩上了这个印。 ④张颢，东汉时期官员。张颢任梁王相时，一天雨后有一只像山鹊一样的鸟掉在地上，百姓争抢起来，鸟就化为了石头，张颢叫人敲破它，得到一方金印，印文为"忠孝侯印"。张颢将印呈献给皇帝，皇帝把它收藏于官中。后来张颢在汉灵帝时官至太尉。

田豫俭素^①，李恂清约^②。
义纵攻剽^③，周阳暴虐^④。

【注释】 ①田豫，字国让，三国时期曹魏将领。田豫生活俭朴清贫，朝廷给他的赏赐都分发给部下将士。每次胡人给他个人送来礼品，都登记好收入官府，从不拿到家里，因此他家中常常贫困。他虽然性情孤傲，与他人很少来往，但人们都很看重他的节操。　②李恂，字叔英，东汉时期官员。李恂任兖州刺史时，在任期间清正廉洁，约束自己作为下级表率，常常用羊皮作席，穿着粗布做的衣服。　③义纵，西汉时期官员，是以严厉手段打击豪强地主的著名酷吏。义纵年轻时曾经与张次公一起侵扰劫掠地方沦为盗寇，义纵的姐姐给王太后治病，王太后了解到她的家庭情况后，对汉武帝说要给义纵官做。武帝就封他为中郎。义纵为官残暴不仁，但是在打击权贵方面显得精明强干，后来官至南阳太守。　④周阳，即周阳由，西汉时期官员。周阳由在汉景帝时担任郎官，汉武帝即位后，官员处理政事，崇尚遵循法度，谨慎行事，然而周阳由在二千石一级的官员中，最为暴虐残酷、骄傲放纵。他所欣赏的人，哪怕犯了死罪，都要曲解法律让那人活下来；他所憎恶的人，哪怕罪不至死，他也要歪曲法律把他杀死。

孟阳掷瓦[1]，贾氏如皋[2]。
颜回箪瓢[3]，仲蔚蓬蒿[4]。

【注释】①孟阳，即张载，字孟阳，西晋时期文学家。张载官至中书侍郎，以博学能文著名，但长得丑陋，他年轻时，每次出行都被小孩子们砸瓦片石块，他只能狼狈逃走。　②春秋时，晋国的羊舌鲋出使郑国，与郑国的酰蔑说了一个故事：以前贾大夫长得丑，可娶了个漂亮妻子。娶来三年，她不说话也不笑。一次贾大夫坐马车带妻子到沼泽地打猎。贾大夫一箭射下一只野鸡，妻子才高兴地笑了，开始和贾大夫说话。后来用"如皋射雉""射雉""如皋一箭"等表示以才华博得女子的欢心。　③颜回，曹姓，颜氏，名回，字子渊，尊称复圣颜子，春秋末期鲁国思想家，孔门七十二贤之首。孔子称赞颜回说："贤哉，回也！一箪食，一瓢饮，在陋巷。人不堪其忧，回也不改其乐。贤哉，回也！"孔子称赞颜回在只有一小筐饭、一瓢水的情况下，仍很知足并自得其乐。　④仲蔚，即张仲蔚，东汉时期隐士。张仲蔚通晓天文，擅长写文章，喜好诗赋，住的地方非常简陋，蓬草和蒿草长得比人还高。但他闭门养性，不为荣耀名声。自得其乐，当时的人都不认识他。

$$\text{糜竺收资}^{①}，\text{桓景登高}^{②}。$$

$$\text{雷焕送剑}^{③}，\text{吕虔佩刀}^{④}。$$

【注释】①糜竺，字子仲，东汉末年刘备帐下重臣。糜竺很有钱，有一次从洛阳回家，在离家数十里的地方，有一个妇女请求搭车。走几里路后，那妇女下车道谢，对糜竺说："我是上天使者，奉令去烧糜竺的家，感谢让我乘车，所以告诉你。"糜竺求她不要烧，她说："不能不烧，你快点回去，我缓一点到，正中午的时候火就起了。"于是糜竺赶回家，将财物都搬出来，到中午火真的烧起来了，房屋都被烧毁。后来糜竺跟随刘备，出钱充作军资。 ②桓景，东汉时期人物，出自南朝梁吴均所作的志怪小说集《续齐谐记》，是中国传统习俗重阳节里面的关键人物。桓景跟随费长房学道术，一天，费长房对桓景说："九月九日，你家有大灾难。你让家中人做深红色纱袋，装上茱萸，系在手臂上，然后离家登上高处，饮菊花酒，就可以消灾了。"桓景按照指示去做了，黄昏时回家，发现家里的牛羊鸡狗等禽畜都死了。费长房说，这些禽畜代人受灾了。所以今天人们每年到九月初九，就登山饮菊花酒，妇女们都带上装着茱萸的纱袋。 ③雷焕，字孔章，东晋时期名士。雷焕精通天象，中书令张华邀请他观看斗牛二宿之间的紫气，由此确定豫章丰城县有宝剑，于是张华让雷焕担任丰城县令。后来在丰城县掘地四丈取得"龙泉"、"太阿"两柄宝剑，雷焕于是把龙泉剑送给张华，留下太阿剑自己佩戴。后来张华被杀，龙泉剑也失踪了，雷焕死后，雷焕之子雷华佩戴太阿剑经过延平津，剑忽然从腰间跃入水中，雷华急忙让人下水寻找，没找到，只看到两条龙各长数丈，在天空中盘旋环绕，全身布满花纹，不一会儿光彩照人，波涛翻滚，太阿剑也消失了。 ④吕虔，字子恪，汉末至三国曹魏时期将领。吕虔有一把佩刀，工匠观看后，认为佩此刀的人一定会登上三公之位。吕虔对属下王祥说："我做不到三公了，这刀对我说不定有害，你有三公器量，所以送给你。"王祥推辞后最终接受，后来王祥官至太保。王祥临终前，又将这把刀送给其弟王览，说："你的后代一定兴盛，足以配此刀。"果然，王览的后代之中便有东晋政权的奠基人王敦、丞相王导。琅琊王氏家族从东晋开始贤才济济，成为其后光耀几百年的望族。

老莱斑衣①,黄香扇枕②。
王祥守柰③,蔡顺分椹④。

【注释】①老莱,即老莱子,存疑人物,或为老子在历史中的另一名字,春秋晚期思想家,道家人物。老莱子是中国历史上著名的孝子,奉养双亲,自己七十多岁时,为了使老父母快乐,还经常穿着彩衣,做婴儿动作,以取悦双亲。后人以"老莱衣"比喻对老人的孝顺。 ②黄香,字文强,东汉时期官员、孝子,是"二十四孝"中"扇枕温衾"故事的主角。黄香小时候家里非常贫穷,九岁时母亲便去世,又没有兄弟姐妹,只有他和父亲相依为命。黄香平时帮助父亲操持农活、料理家务,冬天为父亲暖和被子,夏天为父亲扇凉席子,对父亲十分尽心尽孝。 ③王祥,字休徵,三国曹魏及西晋时官员。王祥非常孝顺。他的继母朱氏对他不好,多次在王祥父亲面前说王祥坏话,所以王祥的父亲也不喜欢他,常让他打扫牛圈,但王祥却更加恭谨。父母有病时日夜伺候,不脱衣睡觉,汤药必自己先尝。王祥家有棵红柰树结了果实,母亲让王祥守护,每逢有大风雨,王祥总是抱住树哭泣。他的孝心就是如此得真诚而纯正。 ④蔡顺,字君仲,东汉时期人物。蔡顺少年丧父,对母亲十分孝顺。当时正值王莽之乱,又遇饥荒,粮食昂贵,只能拾桑椹吃。一次遇到农民军,义军问:"为什么把红色的桑椹和黑色的桑椹分开装在两个篓子里?"蔡顺回答说:"黑色甜桑椹供母亲食用,红色酸桑椹给自己吃。"赤眉军怜悯他的孝心,送给他食物带回去供奉母亲,以示敬意。

淮南食时[1]，左思十稔[2]。
刘惔倾酿[3]，孝伯痛饮[4]。

【注释】 [1]淮南，即刘安，西汉文学家、思想家，封淮南王，他发明了豆腐。刘安很有才华，曾受汉武帝命写《离骚传》，早上受诏，中午吃饭时就能献上。 [2]左思，字泰冲，西晋著名文学家。左思写《三都赋》，用了十年时间才完成，当时他的房间里院子里甚至茅厕里都放着纸笔，偶然想出佳句，马上写下来。写成后得到名士皇甫谧作序，自此名声大噪，洛阳权贵纷纷传抄他的作品，洛阳市场上纸的价格因此涨价，成语"洛阳纸贵"即来源于此。 [3]刘惔，字真长，东晋时期官员、清谈家，名士。刘惔很欣赏同样为官的何充的酒量，说一见到他便想把家中的酒全部拿出来给他喝。 [4]王恭，字孝伯，东晋外戚大臣。王恭曾说："名士不一定需要奇才，只要常常没事的时候能够痛快喝酒，并能熟读《离骚》，就可以称为名士了。"

女娲补天①，长房缩地②。

季珪士首③，长孺国器④。

【注释】①女娲，中国上古神话中的创世女神。相传远古时代，撑天的四根柱子断裂，九州大地毁灭，大火蔓延无法熄灭，洪水泛滥不止。女娲不忍心看到人类受灾，于是炼出五色石补好天空，砍断神鳌的四脚来支撑天的四极，又平息洪水杀掉猛兽，人类才开始得以安居。 ②长房，即费长房，东汉时期方士。传说费长房能缩短地脉，人坐在家中，就能到集市买鲊鱼，一天之内，人们见到他已经到了千里之外的地方。 ③季珪，即崔琰，字季珪，东汉末年名士。崔琰官至中尉，很有威望，朝廷人士敬仰他，曹操对他也很敬畏。崔琰的堂弟崔林和陈群评论冀州人士，崔林评价崔琰为士人第一。 ④韩安国，西汉时期的名臣、将领。韩安国胸怀韬略，有才智，虽然迎合世俗但都出于忠厚之心，虽然贪财但他推荐的都是廉洁士人，比他还要高明。在梁地就推荐了壶遂、臧固、郅他等人，都是天下名士，士人因此称道和仰慕他，就连汉武帝也认为他是治国之才，是"国器"。

陆玩无人①，贾诩非次②。

何晏神伏③，郭奕心醉④。

【注释】①陆玩，字士瑶，东晋时期士族重臣、书法家。陆玩虽然官至三公，但不自满骄横，反而更加谦让。拜授司空后，有人前来索要一杯酒，然后倒在梁柱之间说："当今缺乏人才，以你作为国家柱石，不是要让人家的梁柱倾倒下来吗？"陆玩听后笑说："我记着你的告诫。"然后向宾客叹息说："让我担任三公，是天下无人了。"当时人认为这是有见识的话。 ②贾诩，字文和，东汉末年至三国初年著名谋士、军事战略家，曹魏开国功臣。贾诩在文帝时担任太尉，成为三公重臣。西晋初，司徒一职空缺，晋武帝问荀勖什么人合适，荀勖说："三公必须是众望所归的人担任，不能任用不合适的人。当年魏文帝任贾诩为太尉，就被孙权嘲笑了。" ③何晏，字平叔，三国时期曹魏官员、玄学家。何晏给《老子》作注，完成后拿去给经学家王弼看，发现王弼也在为《老子》作注，而且见解精微独到，于是倾心佩服。 ④郭奕，字泰业，魏晋时期官员。山涛推荐阮咸为官，晋武帝认为阮咸酗酒浮夸没有任用。当时郭奕生性高洁豪爽，善于对人物评鉴，很有名气，但很少推重什么人，而见到阮咸，郭奕心中倾倒，不禁叹服。

常林带经[1]，高凤漂麦[2]。
孟嘉落帽[3]，庾凯堕帻[4]。

【注释】①常林，字伯槐，三国时期曹魏官员。常林为人好学，东汉末年做太学生时常常带着经书去耕作，由妻子送饭给他，虽然在田野，他对待妻子也很合礼仪，相敬如宾。　②高凤，字文通，东汉时期人物。高凤爱好读书，看起书来有时通宵达旦。他家里是种田的，有一次他妻子到田里去，在庭院里晒了麦子，叫高凤看护好鸡，以防鸡吃了麦。当时正值天突然下雨，高凤一边拿着竹竿为了驱赶鸡一边诵读经书，没有发觉雨后地上的积水冲走了麦子，妻子回来感到奇怪便责问他，高凤才醒悟过来。　③孟嘉，字万年，东晋时期名士、官员。孟嘉担任征西将军桓温的参军时很受器重。有一年九月九日桓温在龙山设宴，幕僚都来参加，风将孟嘉的帽子吹落，但他没有发觉，桓温悄悄叫左右的人不要告诉他，说要看他的举止。过了一会儿，孟嘉上厕所。桓温叫孙盛写几个字嘲笑孟嘉，将纸条和帽子都放到他的座位上。孟嘉回来见后，马上就答复，文辞优美，满座赞赏。　④庾凯，即庾敳（ái），字子嵩，西晋时期名士、清谈家。西晋官员刘舆被司马越所信任，许多人都被他陷害，只有庾敳因不问世事没有遭到陷害。后来刘舆想到庾敳贪财又很富裕，于是劝说司马越向庾敳要千万钱，想趁机陷害他。不久在一次聚会中，司马越以此事询问庾敳的意见，当时庾敳已经喝醉，头巾掉在桌上，于是直接用头挑起戴上了头巾，然后缓慢地回答说："我家中有二千万，任凭您任意取用。"刘舆于是佩服庾敳，司马越非常高兴地说："不可用小人之心度君子之腹啊！"

龙逢板出①，张华台坼②。

董奉活燮③，扁鹊起虢④。

【注释】①龙逢，即关龙逢，夏朝末期宰相，中国历史上第一位名相。关龙逢因为直言进谏被夏桀杀害，据说后来在他遇害之日有金板从裂开的地上显露出来，金板上刻着关于关龙逢的怨恨的文字。　②张华，字茂先，西晋时期政治家、文学家、藏书家。张华是国家栋梁，官至司空。当时赵王司马伦谄媚贾后，试图夺权，遭到张华反对。一天晚上，张华的小儿子张韪发现中台星裂开，星相学认为，中台星和三公中的司空对应，裂开则司空有灾难。因此张韪劝父亲辞职，张华没有听从。后来张华果然被司马伦、孙秀等杀害。　③董奉，又名董平，字君异，号拔墘，东汉末年至三国时期医生，中医名家，后世称颂"杏林春暖"，与华佗、张仲景合称为建安三神医。有一次董奉到交州行医，恰遇交州太守士燮病危，垂死已三日。董奉把三粒药丸放入病人口中，用水灌下，稍后，病人手足能动，肤色逐渐转活，半日后即能坐起，四日后能说话，不久病愈。　④扁鹊，姬姓，秦氏，名越人，春秋战国时期名医。一次扁鹊到了虢国，听说虢国太子暴亡不足半日，还没有装殓。于是他赶到宫里说出了太子的病症并称自己能够让太子复活，随后用针砭进行急救，不久太子果然醒了过来。扁鹊又将方剂加减，使太子坐了起来。又用汤剂调理阴阳，二十多天，太子的病就痊愈了。

寇恂借一①，何武去思②。
韩子孤愤③，梁鸿五噫④。

【注释】①寇恂，字子翼，东汉开国名将，云台二十八将第五位。寇恂曾担任颍川太守，任期满后要调进京城。第二年，颍川盗贼暴乱，光武帝亲自挂帅，寇恂指挥兵马入颍川平定暴乱。平叛后，光武帝没有让寇恂留下为太守，当地百姓纷纷拦住光武帝的车，向光武帝提出要借寇君一年，于是寇恂复任颍川太守。 ②何武，字君公，西汉时期官员。何武为人仁慈厚道，喜欢引荐士人，劝勉、赞许别人的长处，历任地方官时推荐了很多人才。但何武憎恨拉帮结派，打算提拔官吏时，首先制定法令条例以防止私相嘱托，他在任的时候没有赫赫名声，但离开后总是被人思念。 ③韩非，又称韩非子，战国末期韩国人，中国古代思想家、哲学家和散文家，法家学派代表人物，法家思想之集大成者。韩非目睹战国后期的韩国积贫积弱，多次上书韩王，希望改变当时治国不务法制、养非所用、用非所养的情况，但其主张始终得不到采纳，便退而著书，写出了《孤愤》《五蠹》《内外储》《说林》《说难》等著作。 ④梁鸿，字伯鸾，东汉时期隐士、诗人。梁鸿搬家时曾路过洛阳，看到洛阳城中巍峨富丽的宫殿，想到沿途老百姓生活的艰难，不禁对刚刚建立不久的东汉有些不满与失望，他作了一首《五噫之歌》："陟彼北芒兮，噫！顾瞻帝京兮，噫！宫阙崔巍兮，噫！民之劬劳兮，噫！辽辽未央兮，噫！"以此讽刺统治者追求享乐，浪费民力，歌词大意是："登上高高的北邙山，噫！俯览壮丽的帝王之都，噫！只见宫室连云遮日，噫！看不见百姓辛劳，噫！漫漫无际的宫殿，噫！"

蔡琰辨琴[①]，王粲覆棋[②]。
西门投巫[③]，何谦焚祠[④]。

【注释】 ①蔡琰，本字昭姬，东汉时期文学家蔡邕之女，东汉末年三国时期著名才女。蔡琰精通音乐，九岁时，父亲蔡邕夜间弹琴，突然断了一根弦，蔡琰说："是第二根弦断了。"蔡邕说："你这不过是偶然说中罢了。"于是故意弄断一根问她，蔡琰说是第四根。 ②王粲，字仲宣，东汉末年文学家、官员，"建安七子"之一。王粲记忆力很好，有一次王粲看别人下围棋，有人不小心碰乱了棋子，他说能帮着人家按原来的局势把棋子重新摆好，下棋的人不信，拿出块手帕盖在棋盘上，让他换个棋盘重摆，结果，连一颗子的误差也没有。 ③西门，即西门豹，战国时期魏国人，著名的政治家、水利家，历史治水名人。魏文侯时西门豹任邺令，到任后调查百姓疾苦，了解到当地有每年为河神娶媳妇的陋习，地方官吏每年征收几百万钱，三百万用于河神娶妻仪式，其余的就和巫婆瓜分，百姓因此穷困。为河神娶妻的那天，西门豹去参加，故意说被选中的女子不合适，叫巫婆去向河神汇报，令人先后将巫婆及其三个弟子、三老都推入河中淹死，接着准备将牵涉其中的富豪也投入水中，他们跪地求饶。从此，再也没有人敢提出为河伯娶妻了。西门豹又在当地大搞水利建设，人民生活因此富足。 ④何谦，字恭子，东晋时期将领，骁勇善战，曾是谢玄的部下。他从不信鬼神，反对迷信，行军途中遇到神灵祠庙都令人一律烧掉。

孟尝还珠①，刘昆反火②。
姜肱共被③，孔融让果④。

【注释】①孟尝，字伯周，东汉时期官吏。孟尝曾任合浦（今广西北海）太守，当时合浦盛产海珠，由于前任郡守滥采，导致珠源枯竭，珍珠逐渐迁徙到交趾去了，结果客商不来，市场萧条。孟尝到任后对采珠业进行了修生养息。还不到一年时间，合浦一带又有珠可采了，原来靠采珠为生的百姓又有了生计，商旅又开始重新恢复。典故"珠还合浦""孟守还珠"即来源于此。 ②刘昆，字桓公，东汉时期经学家、教育家。刘昆曾担任江陵县令，当时江陵县连年火灾，刘昆经常向火叩头，就能降雨止风。汉光武帝很奇怪就问刘昆在江陵能反风灭火是实行了什么德政，刘昆回答说："这不过是巧合罢了。"左右的人都笑他朴实。光武帝笑道："这才是长者所说的话啊。" ③姜肱，字伯淮，东汉时期人物，出身世家大族，一生不肯做官。姜肱与二弟仲海，三弟季江三人以孝行著名，也以友爱为人称道。他们从小在一起生活，睡同一张床，盖同一条被子，直至各自娶妻才分开去住。姜肱精通《五经》，远来学习的有三千多人，两个弟弟的名声仅次于他，兄弟三人都不接受官府的征聘。 ④孔融，字文举，东汉末年文学家，"建安七子"之一，孔子的二十世孙。孔融四岁时与兄弟一起吃梨，他一直拿最小的梨吃，父亲奇怪地询问他，他回答说："我是小孩子，按理应该拿小的。"

端康相代①，亮陟隔坐②。
赵伦鹝怪③，梁孝牛祸④。

【注释】①端康，指韦端和韦康父子二人，韦端，字休甫，韦康、韦诞之父，东汉末年至三国时期官员。韦端由凉州刺史调入京城担任太仆，代替他刺史职位的是他儿子韦康，父子俩先后为一州之长，当时的人认为是一种荣耀。②亮陟，指纪亮与纪陟父子二人，纪亮，三国时期东吴官员。景帝孙休时，纪亮任尚书，他的儿子纪陟任中书令。每次朝廷会议，孙休都让人在他们的座位之间用屏风隔开，解决了按照礼仪纪陟不能在父亲纪亮跟前就坐的窘境。③赵伦，即司马伦，字子彝，西晋时期宗室、官员，晋文帝司马昭幼弟，封赵王，"八王之乱"的参与者之一。司马伦起兵篡夺帝位失败前，在殿上捉到一只奇鸟，问手下都不知它是什么鸟，过了几天后，皇宫西边有个穿白衣服的小孩说这鸟是服刘（鹝）鸟。司马伦让人抓住小孩和这只鸟一并关进牢中，第二天打开牢房一看，门户和先前一样，可是人和鸟都不见了。司马伦眼睛有个瘤子，当时人认为这是妖怪的象征。④梁孝，即梁孝王刘武，西汉梁国诸侯王，汉文帝刘恒嫡次子，汉景帝刘启同母弟，母亲为窦太后。刘武去世前入京朝见皇帝，呈上奏折请求留住京师，汉景帝没答应。刘武回到封国后，心神恍惚，闷闷不乐，就到封国北边的梁山打猎散心，有人献上一头背上长着脚的牛，刘武对它感到特别厌恶。当年六月中旬，刘武得了热病，过了六天就死了。死后被谥为梁孝王。

桓典避马①，王尊叱驭②。

晁错峭直③，赵禹廉倨④。

【注释】①桓典，字公雅，东汉时期官员。汉灵帝时桓典任侍御史，当时宦官把持朝政，桓典秉公办事，无所顾忌，京城权贵都畏惧他。他常骑骢马巡视，京城人作歌谣说："行行且止，避骢马御史"。 ②王尊，字子赣，西汉末年著名官员。王尊任益州刺史时，出巡到邛崃山，山前有九折阪，难以行走，前任益州刺史王吉到九折阪时仰天叹道："我的身体发肤，从先人那儿得来，不可受伤，何必冒险。"当即辞官而去。王尊过九折阪时想起王吉的话，偏偏让驭手加速向前，还说道："这里不就是王吉害怕的道路么？王吉是孝子，我王尊是忠臣，大家各走各的路，都有道理。" ③晁错，西汉时期政治家、文学家、名士。晁错为人严峻刚直（峭直），任博士时上《言太子宜知术数疏》，陈说太子即未来的汉景帝刘启应通晓治国方法，得到汉文帝赞赏，拜为太子家令，由于晁错能言善辩，善于分析问题，深得刘启喜爱和信任，被太子誉为"智囊"。 ④赵禹，西汉时期司法官员。赵禹从小官吏迁升至御史大夫、中大夫，在汉武帝时和张汤共定律令。他为人廉洁而孤傲（廉倨）。进入官场后，家中从不招待食客，公卿官员来访，他从不回访。他的目的就是杜绝朋友宾客的请托，以便能够按自己的意志行事。

亮遗巾帼①，备失匕箸②。

张翰适意③，陶潜归去④。

【注释】①亮，即诸葛亮，字孔明，号卧龙，三国时期杰出的政治家、军事家、文学家。诸葛亮率军北伐中原时在渭河边和司马懿对峙。诸葛亮急于速战，而司马懿龟缩避战，试图使诸葛亮兵疲粮缺。诸葛亮为了激怒司马懿，派人给他送去妇女衣服饰物，嘲笑他没有迎战勇气应该改穿女装，司马懿很气愤，要求应战，但被魏帝派来的监军止住。　②备，即刘备，字玄德，汉昭烈帝，西汉中山靖王刘胜之后，蜀汉开国皇帝、政治家，史家多称其为先主。刘备投靠曹操后一直韬光养晦，曹操多次试探他，有一次曹操在小亭中请他对饮，闲聊中曹操问到谁是当世英雄？刘备说出当时的几个军阀，曹操都予以否定，却说当今英雄就只有他们两人，刘备一听，吃惊失态，汤匙和筷子都掉到地上，当时恰好有雷鸣，他说是被雷震惊而失手。　③张翰，字季鹰，西晋文学家，留侯张良后裔。张翰被齐王司马冏征为幕僚，眼看朝廷祸乱将起，又看见秋风来了，思念家乡吴中的菰菜、莼羹、鲈肉脍，因此说道："人生贵在生活顺心，我怎么能因为官爵而羁留在离家数千里外的地方呢？"于是便驾舟南归。　④陶潜，即陶渊明，名潜，字渊明，又字元亮，自号"五柳先生"，私谥"靖节"，世称靖节先生，东晋末至南朝宋初期伟大的诗人、辞赋家，中国第一位田园诗人，被称为"古今隐逸诗人之宗。"陶潜最后为官是担任彭泽县令。彭泽县离他家乡百里，虽然公田收入足以买酒，但是没过几天，就又有了归隐念头。当年程氏妹死于武昌，陶渊明作《归去来兮辞》，解印辞官，正式开始了他的归隐生活，直至生命结束。

魏储南馆①，汉相东阁②。
楚元置醴③，陈蕃下榻④。

【注释】①魏储，指魏文帝曹丕，字子桓，三国时期著名的政治家、文学家，曹魏开国皇帝。曹丕任皇储（太子）时，曾写信给吴质，信中说到想起以前在河北同游的日子，和士子们同学经典，无法忘记。更有"驰骋北场,旅食南馆"（在北场骑马驰骋，在南馆停留饮食），过得快活，相处融洽，他感叹这种快乐难再得到。 ②汉相，指公孙弘，名弘，字季，西汉时期名臣。汉武帝时，广招天下贤才，丞相公孙弘为了招募人才在自己丞相府邸东边开了一个小门，营建馆所接待贤士宾客，并与他们共商国事。成语"东阁待贤"即出于此典。 ③楚元，指刘交，字游，西汉诸侯王，刘太公第四子，汉高祖刘邦异母弟，受封楚王，谥号为元。刘交爱好读书，多才多艺，曾和鲁穆生、白生、申公从师浮邱伯学习《诗经》。刘交封王后，让穆生等任中大夫。对这几个同学备尽礼敬，与穆生等饮酒时，每次都给不能饮酒的穆生备下甜酒。 ④陈蕃，字仲举，东汉时期名臣，与窦武、刘淑合称"三君"。陈蕃任豫章太守时，礼请徐稺担任功曹，徐稺不免前往，谒见之后就退出来。陈蕃在郡里从不接待宾客，只有徐稺来时特设一个榻，徐稺走了就悬挂起来。

广利泉涌①,王霸冰合②。

孔融坐满③,郑崇门杂④。

【注释】①广利,即李广利,西汉中期将领、外戚,汉武帝宠妃李夫人和协律都尉李延年之兄。李广利讨伐大宛的行军途中,人困马乏没有水喝,他以手拍石,对天盟誓,又拔出佩剑刺向山体,山间立即有一股泉水喷涌而出,解救了三军的干渴。 ②王霸,字元伯,东汉时期将领,云台二十八将之一。光武帝刘秀曾被敌军追赶至滹沱河畔,准备渡河,派人察看水势。派去的人回报说,河水已解冻,没有船过不了河。刘秀又派王霸去看,王霸怕人心乱,回报谎说河水已经结冰合拢,可以走过去,刘秀等人到河边,河水果然已合拢,顺利地过了河。后面敌人赶来,河水又解冻了,阻住了敌人。 ③孔融,字文举,东汉末年文学家,"建安七子"之一,孔子的二十世孙。孔融本性宽容不猜忌别人,重视人才,喜欢提拔年轻人。退任闲职后,宾客天天满门,孔融常感叹说:"座位上经常坐满人,酒尊中酒不空,我就无忧了。" ④郑崇,字子游,西汉时期官员。郑崇生性耿直而得罪汉哀帝和太后,尚书令赵昌乘机陷害郑崇,上奏说郑崇与刘氏同宗交往,人员复杂,怀疑有阴谋,请求惩处。哀帝责问郑崇说:"你家门庭若市,为什么要来管我的事?"郑崇回答:"臣门如市但心如水一样清,希望能接受调查。"哀帝发怒,把郑崇下到监狱,最终郑崇死于狱中。

张堪折辕①,周镇漏船②。
郭伋竹马③,刘宽蒲鞭④。

【注释】①张堪,字君游,东汉时期官员。张堪担任蜀郡太守时,心地仁慈,爱护部下,威名让敌人胆寒,协助击败割据蜀地的公孙述后,缴获的珍宝堆积如山,他掌握的财富足以使子孙享受十代。而他解职太守时,乘坐的只是一辆断辕的破车,车上只有布被包袱而已。 ②周镇,东晋时期官员。周镇从临川郡守卸任坐船回到建康,还来不及上岸,船停在青溪渚。丞相王导去看望他,当时正是夏天,突然下起暴雨来,船很狭窄,而且雨漏得厉害,几乎没有可坐的地方。王导因此感慨周镇为官清廉,即请示任命他为吴兴郡太守。 ③郭伋,字细侯,东汉时期官员。郭伋因为原来治理州郡有政绩,后来出任并州牧时很受当地人民欢迎。上任后他巡视到西河郡美稷县时,有数百名儿童骑着竹马迎接他,儿童问他什么时候巡视回到这里,他预计了个时间。巡视后返回比预计提前了一天,他为了不失信于儿童,就在县外停了一天,第二天才入县城。④刘宽,字文饶,东汉时期宗室名臣。刘宽为人仁厚宽恕,就算在很急迫的时候,也不会看见他有急切的脸色。他常常认为以刑罚治理百姓,百姓虽然不触犯刑罚但难免有过失,属下官吏有了过错,只以蒲草制成的薄鞭轻罚,以示耻辱而已。

许史侯盛①,韦平相延②。

雍伯种玉③,黄寻飞钱④。

【注释】①许史,指西汉时许、史两家。西汉许、史、韦、平四家有很多人封侯拜相。汉宣帝许皇后的父亲许广汉,弟弟许舜、许延寿三人封侯。汉宣帝祖母史良娣,她的哥哥史恭对宣帝有养育之恩,所以儿子史高、史曾、史玄都封侯。许、史两家封侯的人多,所以说"侯盛"。 ②韦平,指韦、平两家。韦贤在汉宣帝时任丞相,儿子韦玄成在汉元帝时任丞相。平当在汉元帝时任丞相,儿子平晏也官至大司徒(汉哀帝改丞相为大司徒)。韦、平两家父子都做到丞相,相位延传,所以说"相延"。 ③伯雍,指杨伯雍,《搜神记》记载,洛阳人杨伯雍生性孝顺,父母死后葬于无终山,他就在山上安家。山很高且没有水,他就到山下挑水回来,还放在路边供行人饮。两年后,有一人来饮水,饮完后给他一斗石子,对他说:"种下后就有玉长出来,而且你还娶个好妻子。"说完人就不见了。伯雍知道这人是神仙,所以就将石子种下。过几年后,每次去看都见到白玉长出来。后来他用白玉作为聘礼娶了右北平郡名门望族徐氏的女儿为妻,皇帝听说后将他封为大夫。 ④黄寻,《幽冥录》记载,江苏海陵人黄寻本来家中贫穷。有一天风雨大作,风卷起钱散落到他家,他捡到数千万钱,一时暴富,闻名于江北。

王允千里①，黄宪万顷②。
虞騑才望③，戴渊锋颖④。

【注释】 ①王允，字子师，东汉末年时期官员。著名学者郭泰对年青时王允的才华很欣赏，用"一日千里"来形容王允的学识进步。 ②黄宪，字叔度，号征君，东汉时期著名贤士。郭泰年轻时到名士袁阆家拜访，不过夜就走了，而到黄宪家，一住就是几天。别人问他为什么，他说："袁阆的器度，就像泉水，虽然清澈但易于舀取，而黄宪的器度就像千万顷广阔的湖水，澄不清，搅不浊，实在让人难测啊。" ③虞騑，字思行，东晋时期官员。丞相王导曾经对虞騑说："孔愉有三公的才能，却没有三公的名望。丁潭有三公的名望，却没有三公的才能。才、望两方面兼而有之的，大概就是你了。"虞騑只做到金紫光禄大夫，没有能做到三公就死了，当时的人为他感到可惜。 ④戴渊，字若思，东晋时期官员、名士。戴渊年轻时任侠仗义，不注意品行，曾在长江、淮河间抢劫过往的商人旅客。陆机度假后回洛阳，行李很多，戴渊便指使一伙年轻人去抢劫，他坐在岸边的折叠椅上指挥手下人，安排得头头是道。戴渊原本风度仪态挺拔不凡，虽然是处理抢劫这种卑劣的事，神采仍旧与众不同。陆机在船舱里远远地对他说："你有这样的才能，还要做强盗吗？"戴渊感悟流泪，便扔掉剑投靠了陆机。

史鱼黜殡①，子囊城郢②。
戴封积薪③，耿恭拜井④。

【注释】①史鱼，名佗，字子鱼，春秋时期卫国大夫。史鱼因为自己不能劝谏卫灵公重用忠臣、排斥奸臣而感到内疚，临终前让儿子在他死后不能按大夫的葬礼来停放灵柩，而要放在窗下。卫灵公听说后明白过来，最终改正了自己的过失。　②子囊，芈姓，熊氏，名贞，字子囊，楚庄王的儿子，春秋时期楚国令尹。子囊率楚军伐吴国失利，死前预感到吴对楚的威胁，因此遗言要加紧修筑楚国都郢的城墙。　③戴封，字平仲，东汉时期官员。戴封担任西华县令时，这一年天大旱，他祷告神灵无效，于是他堆积柴草，坐到上面，下令点火自焚，火一起而暴雨来临，他的这一壮举，令许多人赞叹敬佩。　④耿恭，字伯宗，东汉时期官员、将领。耿恭率军在疏勒城被匈奴包围，水源被断绝，耿恭在城中掘井十五丈，仍然没有出水，士兵干渴甚至挤马粪汁来饮用。耿恭仰头叹息说："从前贰师将军李广利拔佩刀刺山，飞泉从山中喷出，如今汉室恩德神圣，怎么可能走投无路呢？"于是整理衣服向井拜了两拜，替将士祈祷。过了一会儿，水柱喷出，众人齐呼万岁。耿恭命人在城上泼水给匈奴人看，匈奴人感到意外，以为有神明在帮助汉军，于是领兵撤退。

汲黯开仓[①]，冯谖折券[②]。

齐景驷千[③]，何曾食万[④]。

【注释】①汲黯，字长孺，西汉时期名臣。河内郡发生火灾，波及一千多户人家，汉武帝派汲黯去视察，他回来报告说："火势蔓延暂且不必忧虑，紧急的是当地贫民饱受旱灾之苦，灾民多达万余家，有的竟然父子相食，我就擅自用符节下令发放了河南郡官仓的储粮，赈济当地灾民。现在我请求归还符节，承受假传圣旨的罪责。"汉武帝认为汲黯贤良，免他无罪。　②冯谖，战国时期齐国孟尝君田文门下食客。孟尝君派冯谖去封地薛城追债，临行前冯谖问收到债后买什么回来，孟尝君说你看我这里缺什么就买回来好了。冯谖到薛城后，召集该还债的百姓，还得起的都收了债，还不起的当众将债券都烧了，百姓欢呼万岁。回来后，孟尝君问他买什么回来，他说买了仁义回来。后来孟尝君被免相国回到封地，得到百姓的热烈欢迎，至此终于明白冯谖所买的仁义是什么。　③齐景，即齐景公，姜姓，吕氏，名杵臼，春秋时期齐国君主。齐景公有一千辆四匹马拉的车，但他身死之时，人民因其无德而无人称道他。　④何曾，原名何谏，字颖考，西晋开国元勋。何曾生活极其奢侈，特别讲究饮食，不惜花费众多的金钱以求美食。他每天用于饮食的钱财超过万金，即便如此，仍然感到味道不好，说没法下筷。

顾荣锡炙①，田文比饭②。
稚珪蛙鸣③。彦伦鹤怨④。

【注释】①顾荣，字彦先，西晋末年大臣、名士。顾荣在赵王司马伦帐下时，有一次和同僚宴饮，他发现烤肉的人脸上显露出很想吃烤肉的神色，于是他割了一块烤肉给他吃。同席的人问他缘故，顾荣说："怎么会有做烤肉而不知道烤肉味道的人呢？"后来司马伦失败，顾荣被抓住将要被处死的时候，当年那个烤肉的人正是监督执行的人，于是救了顾荣。 ②田文，即孟尝君，妫姓田氏，名文，战国时期齐国贵族，"战国四公子"之一。孟尝君对自己的门客都很尊敬，有一次孟尝君招待宾客吃晚饭，有个人遮住了灯光，那个宾客很恼火，认为饭食质量肯定不一样，放下碗筷就要辞别离开。孟尝君马上站起来，亲自端着自己的饭食与他的相比，那个宾客非常惭愧，当场自杀表示谢罪。因此有更多贤人愿意归附孟尝君。 ③稚珪，即孔稚珪，字德璋，南朝齐骈文家。孔稚珪不好世务，门庭之内杂草丛生，里面还常有青蛙鸣叫。有人问他是不是想效仿东汉不清理居室的陈蕃，他笑着回答说："我把这当做两部鼓乐吹奏，何必一定要仿效他？" ④彦伦，即周颙，字彦伦，南朝宋、齐文学家。孔稚珪路过钟山，到周颙曾经隐居的钟山草堂，写下了《北山移文》。文中说周颙去担任县令后草堂很冷清，连半夜的鹤鸣声都透露出哀怨。

廉颇负荆①，须贾擢发②。
孔翊绝书③，申嘉私谒④。

【注释】①廉颇，嬴姓，廉氏，名颇，战国末期赵国名将，与白起、王翦、李牧并称"战国四大名将"。廉颇为将军时，蔺相如为上卿，廉颇认为自己上阵杀敌功劳很大，而蔺相如凭借口舌之利担任上卿，官位在他之上，因此不服，处处刁难蔺相如。蔺相如以国家利益为重，对廉颇处处避让。后来廉颇明白了蔺相如的一番苦心，认识到他崇高的品德，因此背上荆条到蔺相如家请求责罚恕罪。②须贾，战国时期魏国中大夫。须贾曾经谗害过范雎，后来他出使秦国，发现范雎竟成为秦国的丞相，就诚惶诚恐地说出当年自己的罪过，表示即使拔光头发也不能赎罪，最终因为须贾曾以绨袍赠于没有标明身份的范雎而得到宽恕。③孔翊，东汉名士孔融的叔伯，东汉时期官员。孔翊廉洁守礼，担任洛阳令时，让人在庭中放一盆水，凡是有求情的书信，一概丢到水中，弹劾整治官员时从来不回避权贵外戚。④申嘉，即申屠嘉，姓申屠，名嘉，西汉开国功臣，官至宰相。申屠嘉为人廉洁正直，在家里不接受私事拜访。

渊明把菊^①，真长望月^②。
子房取履^③，释之结袜^④。

【注释】①渊明，即陶渊明，名潜，字渊明，又字元亮，自号"五柳先生"，私谥"靖节"，世称靖节先生，东晋末至南朝宋初期伟大的诗人、辞赋家，中国第一位田园诗人，被称为"古今隐逸诗人之宗"。陶渊明隐居在家时，生活清贫，爱喝酒但酒不常有。江州刺史王弘想结识他，他没有回应。有一年九月九日重阳节，他没有酒，坐在屋边菊花丛中摘了几把静静观赏。不久，王弘派人送酒来，他一看到酒就马上接过来喝，一直到喝醉为止。②真长，即刘惔，字真长，东晋时期官员、清谈家，名士。许询，字玄度，东晋时期文学家，玄言诗的代表人物。刘惔和许询是好朋友，刘惔曾经说每次吹着清风望着明月就不免开始思念许询。③子房，即张良，字子房，秦末汉初杰出谋臣，西汉开国功臣，政治家，与韩信、萧何并称为"汉初三杰"。有一次张良在下邳圯桥走过，一位老人看到张良故意将鞋子掉到桥下，冲着张良说："小伙子，下去拿鞋子。"张良见他是老人，就忍气帮忙捡了鞋子，并主动帮老人穿上。老人后来将一部兵书送给他，对他说："读这本书后，可以成为帝王的军师。"张良一看是《太公兵法》。后来张良助刘邦击败项羽，建立汉朝。④释之，即张释之，字季，西汉时期法学家。王生是汉初隐士，喜欢黄老之学，很受尊重。曾应召入朝，当时三公九卿均在场，王生的袜子松了，就让张释之替他系上，张释之便跪下替他系好了袜子。事后，有人问王生为什么要在朝廷上羞辱张释之让他系袜子，王生说："我年纪大了，地位也不高，想想帮不上张廷尉什么忙，张释之是天下名臣，我羞辱他，正是为了壮大他的名声。"大臣们听到后，都称赞王生的贤德而更加敬重张释之。

郭丹约关①，祖逖誓江②。
贾逵问事③，许慎无双④。

【注释】①郭丹，字少卿，东汉时期官员。郭丹年轻时到长安求学，买通行证过函谷关时，他感慨地说："如果不坐皇帝委派的使者车驾，我再也不出关了。"他到长安后，学有所成。更始帝时征为谏议大夫，持节符回南阳接受新朝军队投降，终于实现了乘车出关的誓言。 ②祖逖，字士稚，东晋时期军事家。祖逖率部北伐渡过长江，当船到江中时，他望着面前滚滚东去的江水，感慨万千，敲着船楫发誓说："如果不能平定中原，收复失地，自己就像这大江一样有去无回！"后人便用"中流击楫"比喻立志奋发图强。 ③贾逵，本名贾衢，字梁道，汉末三国时期魏国名臣，西晋开国功臣贾充父亲。贾逵年轻时，虽然精通经典，但由于从小在学校读书，所以对世间的俗事一概不知，即使是小事情也要问人才知道。他长得高，外号"贾长头"。儒学生说："问事不休贾长头。" ④许慎，字叔重，东汉时期著名的经学家、文字学家，世界上第一部字典《说文解字》的作者。许慎生性质朴厚重，年轻时就精通经典，经学大师马融很推崇敬重他，当时的人都说："《五经》无双许叔重。"（在五经研究上没有人能超过许慎。）

娄敬和亲[1]，白起坑降[2]。

萧史凤台[3]，宋宗鸡窗[4]。

【注释】①娄敬，因刘邦赐姓改名刘敬，西汉时期官员。西汉建国初期，匈奴经常入境侵犯汉朝，北方不得安宁，而汉朝又无力征讨，娄敬劝说汉高祖刘邦将公主嫁给匈奴，再送上丰厚的礼物以换取北方的和平。高祖接受了他的建议，后来派他出使匈奴和亲。　②白起，秦国白氏，名起，战国时期名将，杰出的军事家，"兵家"代表人物。秦赵两国发起长平之战，最终白起率军包围赵军，断粮四十六天后，赵括突围阵亡，麾下赵军四十万人投降，白起怕他们以后反叛会引起祸乱，将他们全部活埋坑杀。　③萧史，传说中春秋时期人物，善于吹箫。萧史吹箫乐调优美，能模仿凤凰鸣叫声引来凤凰。秦穆公的女儿弄玉也喜欢音乐，善于吹笙，穆公曾经特地建了一座称为"凤台"的宫殿给弄玉居住。有天晚上，弄玉吹完笙后睡觉，梦到了一位吹箫少年并爱上了他。后来发现就是萧史，他们相爱结婚了，婚后经常合奏，这也让秦国风气变得浪漫，引来了朝廷官员的担忧。为了逃避别人的闲话，萧史和弄玉就隐居了，民间为了纪念他们，特地编了他们夫妻都乘凤凰一起升天成仙的故事。　④处宗，即宋处宗，晋朝时期官员。宋处宗买到一只长鸣鸡，非常喜爱，一直养在窗子间。这只鸡能像人一样和处宗谈论，说话非常有智慧，处宗和它整日地交谈，因此口才大进。后来用"谈鸡""鸡谈"等写玄谈、清谈，以"鸡窗"作为书室代称。

wáng yáng náng yī　　mǎ yuán yì yǐ
王阳囊衣①，马援薏苡②。

liú zhěng jiāo zhì　　wǔ lún shí qǐ
刘整交质③，五伦十起④。

【注释】①王阳，即王吉，字子阳，西汉时期官员。王吉和儿子王骏、孙子王崇祖孙三代都担任高官，而且都以清廉著称。他们在职时都讲究车马、衣服的气派华美，吃得也很讲究。但是离任时，车中所载只有衣服包裹，没有多余的财物，赋闲在家时他们又都穿得朴素，吃的是粗茶淡饭。人们钦佩他们去官时的清廉而对他们为官时的奢侈很奇怪，所以当时传言"王吉能制作黄金"。 ②马援，字文渊，西汉末年至东汉初年军事家，东汉开国功臣之一，官至伏波将军。马援南征交趾时，常吃一种叫薏苡的植物果实，薏苡能治疗筋骨风湿，避除邪风瘴气。由于当地的薏苡果实硕大，马援班师回京时，就拉了满满一车，准备用来做种子。当时人见马援拉了一车东西，以为肯定是南方出产的珍贵稀有之物。于是权贵们都希望能分一点，分不到便纷纷议论，说马援的坏话，说他拉了一车珍珠犀角回来。光武帝相信了，因此马援死后丧礼凄凉。直到马援夫人将事情原委上书伸冤，光武帝才明白过来，重新安葬了马援。 ③刘整，南朝齐、梁时期官员。刘整品性卑鄙，他有个哥哥刘寅早亡，留下孤儿。他嫂嫂让儿子到他家住了十多天，他就去嫂嫂家要米，嫂嫂不在家，他就拿下车子幕帷作为质当。嫂嫂就到官府告他。 ④五伦，即第五伦，字伯鱼，东汉时期官员。第五伦一心奉公，尽守节操，有人问第五伦有过私心吗？第五伦说自己哥哥的儿子常常生病，他一夜前去看望十次，回来后安然入睡。自己儿子生病，虽然没去看望，却整夜难眠，这样看来，自己也是有私心的。

张敞画眉[1]，谢鲲折齿[2]。

盛彦感螬[3]，姜诗跃鲤[4]。

【注释】①张敞，字子高，西汉时期官员。张敞做官处事快捷，赏罚分明，碰到恶人决不姑息，但也经常对犯小错误的人既往不咎。张敞经常在家给妻子画眉毛，长安城中传说张敞画的眉毛很妩媚。有人就用这事来弹劾张敞，皇帝就问张敞有没有这事，张敞回答说："闺房之内，夫妇之间亲昵的事，有比画眉还过分的。"意思是只要问我国家大事做好没有，自己替太太画不画眉，管它干什么。皇帝很爱惜他的才能，没有责备他。但是，张敞最后也没得到重用。 ②谢鲲，字幼舆，两晋时期名士、官员。谢鲲的邻居高氏女容貌美丽，谢鲲挑逗她，却遭对方用织布的梭投掷，撞断了他两颗牙齿。当时人都说："任达不已，幼舆折齿。"谢鲲听说后，仍高傲地大声说："折齿又何妨，丝毫不影响我啸歌。" ③盛彦，字翁子，西晋时期官员。盛彦的母亲失明，他为了照顾母亲辞官不做，亲自喂母亲吃饭，母亲因为常年生病心中烦躁，动手打了服侍的丫鬟几次。有次盛彦临时外出，丫鬟因为受气把蛴螬（金龟子幼虫）烧熟之后拌上饴糖给他母亲吃了，母亲觉得很好吃，但心里疑惑便偷偷藏了一些想给盛彦看一下。盛彦知道母亲吃了这么污秽的东西（蛴螬食腐、食粪为生）抱着她大哭，没想到母亲竟然恢复了视力。 ④姜诗，字士游，东汉时期孝子，"二十四孝"之一"涌泉跃鲤"主人公。姜诗极为孝顺母亲，母亲习惯喝江水，但他们家离江有六七里远，他的儿子因为去江边挑水溺死了，他也不让老母亲知道。母亲喜欢吃鲤鱼，姜诗夫妻就尽力保证母亲有鲤鱼吃，母亲自己吃没有胃口，他就请隔壁老婆婆来一起吃。后来屋旁突然涌出泉水，味道和江水一样。每天早上还有两条鲤鱼跳出来，足够两位老人吃。

宗资主诺，成瑨坐啸。
伯成辞耕，严陵去钓。

【注释】 ①宗资，字叔都，东汉时期名臣。宗资是南阳人，担任汝南太守时不理政事，公事都交给范滂（字孟博）处理，自己只是在文件上签字表示同意。因此郡中有歌谣说："汝南太守范孟博，南阳宗资主画诺。"范滂被认为是事实上的太守。 ②成瑨，字幼平，东汉时期官员。成瑨是弘农人，担任南阳太守时不理政事，公事都交给岑晊（zhì）处理，自己每天闲坐啸吟。因此郡中歌谣说："南阳太守岑公孝，弘农成缙但坐啸。"岑晊被认为是事实上的太守。 ③伯成，子高，唐尧时人。相传尧治天下，他被立为诸侯，到禹帝时，他辞去诸侯而以耕种为生。禹帝去田野中找到他，问他为什么这样，他说是禹的政治使道德衰落，祸乱滋生，所以他要自耕自食。 ④严陵，即严光，又名遵，字子陵，东汉时期著名隐士。严光年轻时名气就很大，是光武帝刘秀的同学，两人也是好友。刘秀即位后，想让他担任谏议大夫，严光不肯屈意接受，反而归隐富春山，耕读垂钓。后人把他垂钓的地方命名为严陵濑。

董遇三余[1]，谯周独笑[2]。
将闾仰天[3]，王凌呼庙[4]。

【注释】①董遇，字季直，汉末三国时期魏国著名儒学大师。有读书人向他求学，他不肯教，只是对人家说："先读百遍吧，到时自然就明白其中意思了。"请教的人说："只是苦于没时间。"董遇说："应当用'三余'时间。"那人问"三余"是什么？董遇说："冬天是一年的空余，夜晚是一天的空余，雨天是时令的空余。" ②谯周，字允南，三国时期蜀汉学者、官员。谯周年轻时家庭贫苦，但是他不治理产业，而是埋头读书，读书时还常常独自开心欢笑，废寝忘食。 ③将闾，即公子将闾，嬴姓秦氏，秦始皇之子。秦二世继位后，害怕众公子和他争夺帝位，按赵高建议把公子将闾兄弟三人都监禁起来，又派使者到狱中传令："公子有不忠的罪行，应处死。"将闾辩说自己是忠于君主的，想要知道自己的罪行到底在哪儿。使者说："我只是奉命行事。"将闾仰天高喊三次："天啊，我没有罪！"随后兄弟三人哭着拔剑自杀。 ④王凌，字彦云，三国时期曹魏将领，东汉司徒王允之侄。司马懿掌权后，王凌想迎立楚王曹彪，失败被抓准备押解到洛阳。走到项城时，王凌想要钉棺材的长钉，司马懿给了他长钉，王凌知道死期必至，在贾逵庙前大呼："贾梁道（贾逵字梁道），只有你才知道我是大魏忠臣啊！"当天晚上就服毒自杀了。

二疏散金①，陆贾分橐②。
慈明八龙③，祢衡一鹗④。

【注释】①二疏，指疏广和疏受，疏广，字仲翁，号黄老，西汉时期官员，信奉黄老之学。疏广与侄子疏受被后人合称为"二疏"。两人为官时都多次受到皇帝赏赐，后来共同主动提出辞官还乡，并加赐黄金二十斤，皇太子又赠金五十斤。二疏辞官回到家乡后，将金子遍赠乡里，以防止家族子弟因为富裕而骄横。二疏去世之后，乡人对他们的散金很感动，在二疏宅旧址筑一座方圆三里的土城，取名为"二疏城"。在散金处立一碑，名"散金台"。 ②陆贾，西汉思想家、政治家、外交家。陆贾辞官归乡后，变卖了出使南越时所得的财物，共计千金，均分给自己的五个儿子，每人两百金，让他们用来生活。陆贾自己坐着华贵的车辆，带着十个舞乐侍从和一口价值百金的宝剑，轮流到五个儿子家里居住。每家住十天，将来死在哪个儿子家里，就得到他的这些随身之物。由于陆贾常到其他地方作客，每人一年也不过轮流两三次，很好地避免了老来跟儿子尴尬的困境。③慈明，指荀淑儿子荀爽，荀淑，字季和，东汉时期人物，以品行高洁著称。荀淑有八个儿子：俭、绲、靖、焘、汪、爽、肃、专，都有名，当时的人叫他们为"八龙"，尤其第六个儿子荀爽自幼聪敏好学，名闻天下，多次拒绝朝廷征辟。因为荀爽字慈明，所以他们的家乡颍川当地人都说"荀氏八龙，慈明无双。"④祢衡，字正平，东汉末年名士。祢衡很有才华，但个性刚毅傲慢，常得罪权贵。当时孔融十分赏识他的才华,两人结为忘年之交。孔融曾上疏向曹操推荐祢衡说，再多的鸷鸟也不如一只鹗，假使让祢衡立于朝廷之上，必然会有可观的作为。

不占陨车^①，子云投阁^②。

魏舒堂堂^③，周舍谔谔^④。

【注释】 ①不占，即陈不占，春秋时期齐国官员。崔杼起兵弑杀齐庄公，陈不占听说君主有危险，准备亲自前往救援。陈不占生性胆小，在去的路上，吃饭掉落筷子，坐车折断车前横木，他的随从说："敌人在数百里之外，你已经这样害怕，去了能帮得上什么忙呢？"他说："为君而死是公义，没有勇气是自私。不能以自私妨碍公义。"于是赶到宫廷前，听到战鼓声，他惊吓过度而死。 ②子云，即扬雄，字子云，西汉时期著名辞赋家、思想家，平生好学，著述颇丰。王莽借符命即位后，就禁绝符命之事并大肆抓捕相关人员，扬雄也被牵连，办案官员来时他正在校书，扬雄怕不能逃脱，便从楼上跳下差点死了。王莽听说后很奇怪，因为扬雄一向不参与符命这种事，就派人暗中调查，原来谈符命的刘棻曾跟扬雄学过古文字，扬雄不知情，于是王莽不再追究他。但当时人都知道内情，说："惟寂寞，自投阁。爱清静，作符命。" ③魏舒，字阳元，魏晋时期名臣。司马昭非常器重他，每逢朝会结束，便一边目送他离开一边说说："魏舒容貌堂堂，是众人的领袖。" ④周舍，春秋时期晋国官员，正卿赵简子家臣，喜欢直谏。周舍死后，赵简子经常在处理朝政的时候流泪，家臣们以为自己有罪，赵简子说："你们没有罪过，从前周舍说一百张羊皮加起来抵不上一只狐狸腋下皮毛，许多人唯唯诺诺抵不上一个正直的人直言相谏。商纣王因昏聩无能而灭亡，周武王因光明正大而昌盛。周舍死后，我就再没听到过有人当面指出我的过错，这就是我哭泣的原因啊。"

无盐如漆①，姑射若冰②。
郄子投火③，王思怒蝇④。

【注释】①无盐，即钟无艳，又名钟离春、钟无盐，齐宣王之妻，中国古代四大丑女之一。相传是战国齐国无盐邑之女，她相貌极为丑陋，皮肤黑得像漆，四十岁仍嫁不出去，但她很有才华。当时齐宣王沉迷享乐，国家政事乌烟瘴气，钟无艳冒死进谏齐宣王，力陈奢侈危害，齐宣王幡然醒悟，罢免奸邪，任用贤人，还封钟无艳为王后，帮助治理国家。②姑射，指姑射山，庄子《逍遥游》中写道，在遥远的姑射山上，住着一位神人，皮肤润白像冰雪，体态柔美如处女，不食五谷，吸清风饮甘露，乘云气驾飞龙，遨游于四海之外。③郄子，即郄庄公，春秋时期郄国第十六代君主。郄庄公有洁癖，而且性急。有一次宫中宴会，大夫夷射姑出门上厕所，宫殿看门人乘机拉住他要肉吃，夷射姑生气地打了他一下，这个看门人因此诬告夷射姑在宫中小便。郄庄公生气地从榻上一跃而起，结果摔倒在火盆上，后来因为伤口溃烂而死。④王思，东汉末年至曹魏时期官员，老年时脾气暴躁且刚愎自用，常为小事发怒。一次他提笔写字，有只苍蝇停在笔杆上，一连几次赶走又来，气的他将笔摔下，去追满屋乱飞的苍蝇。最后，苍蝇没抓到，他因而将怒气转到笔上，对其又踩又跺，直到把笔毁了才罢休。

符朗皂白^①，易牙淄渑^②。

周勃织薄^③，灌婴贩缯^④。

【注释】 ①符朗，字元达，氐族，前秦宗室将领、文学家。符朗非常善于识别味道，食盐能吃出生盐与熟盐之别，吃鹅肉能知道哪块肉原是长黑毛的，哪块肉原是长白毛的。 ②易牙，春秋时代一位著名的厨师，齐桓公近臣，第一个运用调和之事操作烹饪的庖厨，善于调味。易牙对于味道有惊人的鉴别力，淄水和渑水是齐国境内两条河流，相传两条河的河水味道不同，混合一下就难以辨别，但易牙尝一下就知道了。 ③周勃，西汉时期开国将领、宰相，名将周亚夫之父。周勃年轻时从事用芦苇编织苇箔、蚕具的职业，有时在别人婚丧嫁娶的时候充当吹鼓手。但他自幼习武，弓马娴熟，孔武有力。 ④灌婴，西汉时期开国功臣，官至太尉、丞相。灌婴是睢阳县人，在当地以贩卖丝织品为营生。

马良白眉[①]，阮籍青眼[②]。
黥布开关[③]，张良烧栈[④]。

【注释】①马良，字季常，三国时期蜀汉官员，马谡之兄。马良兄弟五人都有才华名气，而马良是五人中最为出色。因眉毛中有白毛，人称白眉马良。因此有"马氏五常，白眉最良"的赞誉。 ②阮籍，字嗣宗，三国时期魏国诗人，"竹林七贤"之一，曾任步兵校尉，世称阮步兵。阮籍话很少，经常用"白眼"、"青眼"看人来表达喜恶。对待讨厌的人用白眼，对待喜欢的人用青眼。他的母亲去世，嵇康的哥哥嵇喜来致哀，但因为嵇喜是在朝为官的人，于是他也不管守丧期间的礼节，给嵇喜一个大白眼。后来嵇康带着酒、夹着琴来，他便大喜，马上由白眼转为青眼。 ③黥布，即英布，偃姓，英氏，名布，秦末汉初名将，早年受牵连获罪，受到黥刑，俗称黥布。项羽打败秦将章邯之后一路向西进攻，在函谷关前受挫。项羽派英布等人，先从隐蔽的小道，打败了守关的军队，开启函谷关，项羽率军才得以进关，一路打到咸阳。 ④张良，字子房，秦末汉初杰出谋臣，西汉开国功臣，政治家，与韩信、萧何并称为"汉初三杰"。秦朝灭亡后，项羽分封诸侯，刘邦被封汉中王。张良送刘邦入汉中，发现沿途都是悬崖峭壁，只有栈道凌空高架供人通行。于是张良建议刘邦待军队过后，烧毁栈道，表示没有东顾的想法，以消除项羽的猜忌，同时，也可以防备他人袭击。

陈遗饭感[1]，陶侃酒限[2]。

楚昭萍实[3]，束晳竹简[4]。

【注释】①陈遗，南朝宋官员。陈遗十分孝顺，他的母亲喜欢吃锅巴，他在郡中做小吏时，经常用口袋装好锅巴带回家给母亲。后来孙恩暴乱，他积攒了几斗锅巴因为来不及回家只能带在身边，也因为有锅巴得以在战乱中活命。回到家中，母亲因为想念他，已哭得眼瞎耳聋了，他悲痛地跪下大哭，母亲竟因此恢复了视力。　②陶侃，字士行，东晋时期名将。陶侃每次喝酒都有限制，经常喝到尽心还想喝的时候就到了限制的量。有人劝他还可以再喝一些，陶侃凄然泪下，过了很久才说道："我年轻的时候，曾经酒后犯错，所以跟已经亡故的双亲有约定，现在不敢超过限制。"　③楚昭，即楚昭王，芈姓，熊氏，名壬，楚平王之子，春秋时期楚国国君，楚国的一位中兴之主。楚昭王坐船时，见到一个红色的圆的像酒杯的东西，不知是什么，就派人到鲁国向孔子请教。孔子说："这是萍实，剖开可以吃，代表吉祥，只有霸主才能得到它。"后来昭王剖开萍实吃了，味道很美。有人问孔子为什么能肯定昭王得到的是萍实，孔子说："我游历到陈国时听到童谣说'楚王渡江得萍实，大如斗、赤如日，剖而食之，甜如蜜'，所以就知道了。"　④束晳，字广微，西晋时期文学家。西晋太康年间汲郡古墓出土了一批竹简，束晳参加整理、抄录、解释，因此升为尚书郎。当时有人在嵩高山上得到一枚有两行科斗文的竹简，互相传阅，但没人认识。后来束晳一看就说："这是汉明帝显节陵墓中的策文。"查阅文献果然就是。

蒙求

曼倩三冬①，陈思七步②。
刘宠一钱③，廉范五袴④。

【注释】①曼倩，即东方朔，字曼倩，西汉时期著名文学家。汉武帝时征召天下贤才，东方朔向朝廷写了自荐书，里面说到自己少年时就失去父母，依靠兄嫂扶养长大成人，十三岁开始读书，经过三个冬天（即三年）的刻苦，读的书籍已经够用，在十五岁时学习击剑，十六岁学《诗》《书》，阅读量达到二十二万字。②陈思，即曹植，字子建，曹操与卞皇后所生第三子，生前曾为陈王，去世后谥号"思"，因此又称陈思王，三国时期著名文学家，建安文学代表人物之一与集大成者。魏文帝曹丕妒忌曹植才学，命曹植在七步之内作出一首诗，否则将被处死，而且对诗有严格要求：主题必须为兄弟之情，但是全诗又不可包含兄弟二字。曹植在不到七步之内便吟出："煮豆持作羹，漉菽以为汁。萁在釜下燃，豆在釜中泣。本自同根生，相煎何太急？"③刘宠，字祖荣，东汉时期宗室、官员。刘宠担任会稽太守时，废除苛政，严查官吏非法行为，政绩卓著。后来升职调入洛阳，山阴县有五六位须眉皓白的老人，特意从乡下来给他送行，每人带了百文钱赠送给他。刘宠不肯接受，只是从每个人的钱里挑了一个最大的收下。因此被后人称为"一钱太守"。④廉范，字叔度，东汉时期官员，赵国名将廉颇后人。蜀郡以前为了防火，禁止百姓晚上活动，但百姓私下里仍会晚上活动，因此火灾时有发生。廉范任蜀郡太守后废除了旧的禁令，只是严格要求百姓储存水。百姓觉得很方便，于是编成歌说："廉叔度，来何暮？不禁火，民安作。平生无襦今五袴。"意思是以前禁止灯火，可常有火灾，衣服都被烧完了，连短衣（襦）都没有了。现在廉太守不禁灯火。可是没有火灾，生活安定，衣服多了，裤子就有五条。

氾毓字孤[1]，郗鉴吐哺[2]。

苟弟转酷[3]，严母扫墓[4]。

【注释】①氾毓，字稚春，西晋时期人物。氾毓家是几世同堂的大家族，人与人之间非常融洽和睦，有饭同吃，有衣同穿。氾毓经常抚养家族中的孤儿（字孤意为抚养孤儿）。当时人这样形容这家庭的和睦："小孩没有固定的父亲，衣服没有固定的主人。" ②郗鉴，字道徽，东晋时期重臣、书法家。郗鉴在永嘉之乱时避居乡间，生活穷困，经常挨饿。乡人尊敬郗鉴的德行，就轮流给他饭吃。当时郗鉴的侄子和外甥都还年幼，郗鉴常常带着他们一起外出吃饭。乡人因为郗鉴的贤德而帮助他但是拒绝养活两个孩子，从此郗鉴就一个人去吃饭，把饭含在两颊旁，回来后吐给俩孩子吃，最后得以一同存活。 ③苟弟，即苟晞之弟，苟晞，字道将，西晋末年名将。苟晞作风果断，执法严明，喜好杀戮，人称"屠伯"。他弟弟苟纯任青州刺史，刑罚杀戮比苟晞还要残酷，百姓说道："小苟酷于大苟。" ④严母，即严延年之母，严延年，字次卿，西汉时期酷吏。严延年任何南太守时，在当地打击豪强，扶助贫弱百姓。因而杀戮很重，引起恐慌。他母亲从东海郡来看他，正赶上斩首行刑，就不肯入太守府。延年来见她，她指责延年刑罚杀戮太多，忽略了仁爱教化。等到他母亲回东海郡时，对延年说要回去帮他扫除墓地。一年多后，严延年果然失势。

洪乔掷水①，陈泰挂壁②。
王述忿狷③。荀粲惑溺④。

【注释】①殷羡，字洪乔，东晋时期官员。殷羡赴任豫章太守时，很多人托他带信，他把信一一收下。结果殷羡来到石头渚（今江西赣水西口）时，打开这些书信，发现大多数都是拉关系、跑人情的内容，于是他将信都抛进了水里，并说道："沉者自沉，浮者自浮，殷洪乔不做致书邮。" ②陈泰，字玄伯，三国时期魏国名将，司空陈群之子。陈泰任并州刺史时，京城权贵托他在边地购买奴婢，并附送礼物。陈泰将所送的礼物都挂在墙上，从不打开。后来陈泰被调回京城任尚书，就将权贵之前所送的礼物全部退还。 ③王述，字怀祖，东晋时期官员。王述平日性格急躁。曾经吃鸡蛋，用筷子刺，未刺中，便大怒将鸡蛋扔到地上，鸡蛋滚动不停，便下床用屐齿踏蛋，又没踏住，王述极为恼怒，抓起来塞进嘴里，咬碎又吐出来。 ④荀粲，字奉倩，三国时期曹魏官员、玄学家，太尉荀彧幼子。荀粲和妻子感情很好，冬天他妻子生病发烧，荀粲就跑到屋外卧倒在冰面上，将自己身体冻得冰凉之后再回来贴着妻子，以此来降温。妻子死后，他悲痛过度，不久也死了。（惑溺即为爱恋妻子的意思）

宋女愈谨①，敬姜犹绩②。
鲍照篇翰③，陈琳书檄④。

【注释】①宋女，即女宗，春秋时期宋国人，是宋国人鲍苏的妻子。女宗孝顺婆婆很恭敬，鲍苏到卫国做官，又在那里娶了一个小老婆，女宗没有生妒恨之心，反而更加恭敬地侍候婆婆。宋国君主听到她的事迹就表彰她，称她为"女宗"。后来女宗的名字也成为了"女子的楷模"的代名词。 ②敬姜，姜姓，名戴己，春秋时期齐国女性人物，齐国国君庶出女儿，嫁给鲁国大夫公父穆伯。敬姜以礼教严格管束儿子公父文伯，对自己也很严格。穆伯死后，她仍自己织布。一次文伯看见母亲在织布，很不高兴地说："我们这样身份的家庭，母亲还自己织布，季康子会怪我，说我不能侍候母亲。"敬姜为此对儿子说："劳逸与国家存亡关系重大。"她认为上至天子诸侯，下至黎民百姓，都必须劳动，或劳心、或劳力，才能政清人和、国泰民安。 ③鲍照，字明远，南朝宋文学家，与北周庾信并称"鲍庾"，与颜延之、谢灵运并称"元嘉三大家"。鲍照在宋孝武帝时任中书舍人，孝武帝喜欢写文章，自吹说没有人的文章能比得上他。鲍照以文才著称，但听了孝武帝的话之后，就故意在写文章时多用粗俗的言辞和重复的句子。人们以为他才尽了，其实并不是这样。他的《拟古诗》中说："十五讽诗书，篇翰靡不通。" ④陈琳，字孔璋，东汉末年文学家，"建安七子"之一。官渡之战爆发时，袁绍命帐下陈琳作《为袁绍檄豫州文》，痛斥曹操。曹操当时正苦于头风病发作躺在床上，读到陈琳檄文后，竟惊出一身冷汗，突然起身，头风病竟然好了。

浩浩万古，不可备甄。

荟繁摭华，尔曹勉旃。

【注释】 历史悠久，人物典故繁多，不能够全部采录，应当在浩繁的文献中锄繁采精，大家努力吧。

图书在版编目（CIP）数据

蒙求 /（唐）李瀚著；曹鑫译注 . -- 杭州：浙江古籍出版社, 2020.10（2024.5 重印）

ISBN 978-7-5540-1800-2

Ⅰ . ①蒙… Ⅱ . ①李… ②曹… Ⅲ . ①古汉语—启蒙读物②《蒙求》—注释③《蒙求》—译文 Ⅳ . ① H194.1

中国版本图书馆 CIP 数据核字（2020）第 176737 号

蒙 求

〔唐〕李 瀚 著
曹 鑫 译注

出版发行	浙江古籍出版社
	（杭州环城北路 177 号　电话：0571-85068292）
网　　址	https://zjgj.zjcbcm.com
责任编辑	刘 蔚
文字编辑	祖胤蛟
责任校对	吴颖胤
封面设计	吴思璐
责任印务	楼浩凯
照　　排	杭州立飞图文制作有限公司
印　　刷	浙江新华印刷技术有限公司
开　　本	880mm×1230mm　1/24
印　　张	6.5
字　　数	117 千字
版　　次	2020 年 10 月第 1 版
印　　次	2024 年 5 月第 2 次印刷
书　　号	ISBN 978-7-5540-1800-2
定　　价	25.00 元

如发现印装质量问题，影响阅读，请与本社市场营销部联系调换。